A Dorling Kindersley Book
www.dk.com

TOP 10 全球魅力城市旅游丛书

慕尼黑

艾尔菲莱·迪克 著

刘永厚 译

旅游教育出版社 时尚 TRENDS

德意志博物馆

圣母教堂

老造币厂

DK
A Dorling Kindersley Book
www.dk.com

Original Title: Top 10 MUNICH
Compilation Copyright(c)2005,2007,
Dorling Kindersley Limited, London

TOP 10 全球魅力城市旅游丛书
慕尼黑

（德）艾尔菲莱·迪克 著

刘永厚 译

责任编辑：刘智勇
执行编辑：陈晓华

项目策划：北京时尚博闻图书有限公司
装帧制作：北京罗盘汇典图书有限公司

出版单位：旅游教育出版社
地址：北京市朝阳区定福庄南里1号
邮编：100024
发行电话：(010) 65778403 65728372
65767462（传真）
本社网址：www.tepcb.com
E-mail：tepfx@163.com
印刷单位：中华商务联合印刷有限公司
经销单位：旅游教育出版社
开本：648x800mm 1/32
印张：4.8125
字数：120千字
版次：2007年4月第1版
印次：2007年4月第1 版第1次印刷
印数：10000册
定价：26.00元

（图书如有装订差错请与发行部联系）

目录

慕尼黑十佳

图书在版编目（CIP）数据

慕尼黑／（德）迪克著；刘永厚译．—北京：旅游教育出版社，2007.3

（TOP 10 全球魅力城市旅游丛书）
ISBN 978-7-5637-1487-2

Ⅰ．慕… Ⅱ．①迪…②刘… Ⅲ．旅游指南－慕尼黑 Ⅳ.K951.69

中国版本图书馆CIP数据核字（2007）第037732号

封面封底图片:**Alamy Images** Claudio H. Artman bl; **Photolibrary.com** Indexstock cl; **Zefa Visual Media** H. Spichtinger main. Spine: **Corbis** Royalty Free. Back: **A1 Pix** Rolf Zscharnack tc; **Alamy Images** Robert Harding World Imagery tr; **Tourist Information Office Bad Tölz** tl.

拜仁皇族宫殿的珍宝馆

宁芬堡

慕尼黑十月啤酒节

特阿蒂那教堂

玛林广场上的鱼泉

下页图为慕尼黑风貌，背景为阿尔卑斯山

慕尼黑十佳

慕尼黑十佳

TOP 10 慕尼黑重点游

20世纪的著名作家托马斯·曼（Thomas Mann）曾这样描述他居住多年的城市："慕尼黑魅力四射。"在慕尼黑，湛蓝的天空点缀着朵朵硕大的白云，把这里装扮得宛如意大利最北部的城市一般。这里悠闲和巴洛克式的生活充满了浓郁的南欧情调。美丽的英国公园（Englischer Garten）和伊萨草地位于城市中心。宁静的史坦贝尔格湖和附近的山脉比邻市区。同时，慕尼黑也是一座艺术与文化的宝库。这里有成群的古老的建筑、价值连城的博物馆珍藏及鲜活的人文景观。精美的艺术品、愉快的休闲方式和甜蜜的生活使得慕尼黑成为一座独具特色的城市。

1 德意志博物馆（Deutsches Museum）

该博物馆被誉为世界上最古老的和规模最大的科技博物馆，每年吸引着超过130万来自世界各地的游客。（见8～11页）

2 宁芬堡（Schloss Nymphenburg）

路德维希一世（Ludwig I）收集的美人画廊中陈列着许多贵妇和美女画像，其中包括裁缝之女海莲娜·瑟德玛（Helene Sedlmayr）的画像。（见12~13页）

3 博物馆区（Museumsviertel）

三个艺术陈列馆（画廊）相邻坐落于博物馆区。其中最古老的古绘画陈列馆（the Alte Pinakothek）位于一栋1836年重建的大楼里，专门收藏各类欧洲历史名画，其珍藏品中包括德国文艺复兴时期著名艺术家阿尔布雷特·丢勒（Albrecht Dürer）的大作。（见14～17页）

4 慕尼黑奥林匹克公园（Olympiagelände）

为迎接1972年慕尼黑第二十届夏季奥运会，一座巨大的公园在二战的废墟中拔地而起，公园中建有一座人造小山。公园内别具一格的"鱼网帐篷"式屋顶被誉为当时建筑界的一场革命。（见18～19页）

5 拜仁皇族宫殿（Residenz）

该宫殿的历史可追溯至1385年。在随后的几个世纪，它经历了多次扩建工程，增加了很多配楼和庭院。（见20～21页）

要浏览慕尼黑的网页，请登陆www.muenchen.de

6 慕尼黑十月啤酒节（Oktoberfest）

这一民间盛事源于1810年，是为庆贺巴伐利亚储君路德维希亲王婚事而举行的，现已成为世界上最大的民间节日。每年大概有600万游客参加这一啤酒盛事。（见22～23页）

7 啤酒公园（Beer Gardens）

当地居民热衷于啤酒公园的传统，你可以经常带着自己的食物到这里来舀上一杯冰凉的啤酒佐餐。（见24～25页）

8 玛林广场周边（Around Marienplatz）

位于广场北面的新市政大厅占据了玛林广场的主要位置。市政大厅尖塔上著名的玩偶报时钟会一天三次报时，同时玩偶形象会随着音乐跳舞。（见26～27页）

9 新天鹅石城堡（Schloss-Neu-schwanstein）

路德维希二世（Ludwig II）最著名的城堡是在受到瓦格纳（Wagner）的歌剧的启发下而建立的。（见28～31页）

10 史坦贝尔格湖风光（Starnberger See）

风景秀丽的史坦贝尔格湖位于慕尼黑附近，周围是风景如画的小城镇、皇家避暑胜地和著名的梦幻博物馆（Buchheim Museum）。（见32～33页）

慕尼黑是德国第三大城市，它的人口为130万

TOP 10 德意志博物馆

该博物馆由奥斯卡·封·米勒（Oskar von Miller）于1903年提出创建，由于各种原因，最终在1925年向公众开放，博物馆位于中央火车站以东两千米处伊萨河的沙洲小岛上。德意志博物馆是全世界最大的科技博物馆之一。仅仅参观展品的一部分就需要一天的时间，所以最好是在参观前做好计划。

伊萨河博物馆岛上的博物馆

除了选择博物馆的自助餐厅之外，您也可以光顾博物馆对面的Café Stör，该餐厅在一栋雄伟的具有新艺术运动建筑风格的Müller Baths大楼内。

博物馆商店销售模型成套工具（包括遥控机械）、游戏用品、建筑设备、工具、海报和书籍。

· 地址：博物馆岛（Museumsinsel）1号
· 乘车路线：乘轻轨到伊萨门（Isartor)下车，或乘地铁U1/U7到Fraunhoferstraße，或乘18路有轨电车到德意志博物馆下车
· 地图M6
· 电话：(089) 21 79-1
· 网址：www.deutschesmuseum.de
· 开放时间：每天上午9点至下午5点（某些部门星期四开放至晚上8点）
· 1月1号、忏悔节、受难日、5月1号、11月1号、12月21号、12月24号～25号及12月31号休息
· 门票价格：8.50欧元（优惠价为3欧元和7欧元），晚上门票价格（周三下午4点后）3欧元，家庭套票15欧元，6-15岁之间的孩子3欧元，6岁以下儿童免费

十大特色

1. 伽利略实验室
2. 医学区
3. 密码机模拟器
4. 蔡司星象仪
5. 矿业
6. 乐具
7. 航空航天
8. 动力机械
9. 通讯
10. 导航器

1 伽利略实验室（Galileo's Workshop）

在有关物理的展示区，伽利略实验室（上图）复原展示了这位著名的天文学家和物理学家曾使用过的大量工具。

2 医学区

该区的核心展品于2000年向参观者公开，展出了扩大35万倍的人类细胞模型。（下图）

3 密码机模拟器（Enigma Machine）

密码机模拟器（上图）制造于二战期间，是早期信息科技的一个典范。

德意志博物馆的示意图

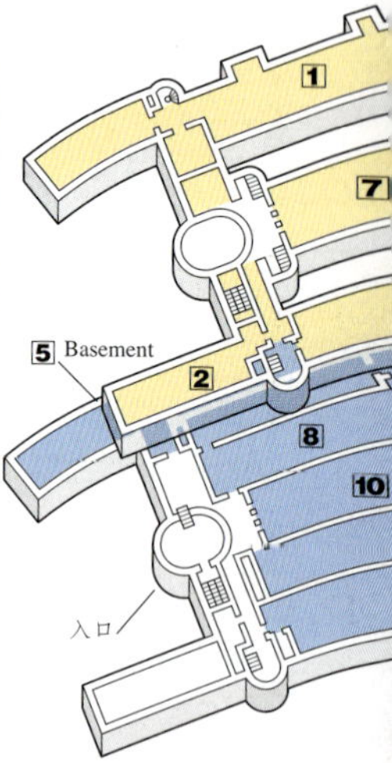

4 蔡司星象仪(Zeiss Planetarium)

通过这台仪器，您可以通过肉眼观看到太阳、月亮、行星、星系、星云以及5000多颗星球投射在6层楼上15米（49英尺）高的拱顶上。

激光展品置于6楼的蔡司星象仪馆内，这些陈列品的参观票另行出售

7 航空航天

这里展出着几十架飞机，包括怀特兄弟亲自制作的一架飞机原型和著名的“钢铁安妮”（Junkers-52型飞机）。您甚至可以亲自登上部分飞机。更多的展品陈列在飞行基地（Flugwerft Schleißheim）航空中心的分展馆内。

9 通讯

这里展览着一些伟大的陈列品，如19世纪的第一台电报机、托马斯·爱迪生（Thomas Edison）发明的留声机以及一台1913年德国通用电力公司（AGE）制作的发报机，同时展出的还有最新的通讯设备。

5 矿业

矿业展区记录了5个世纪以来采矿技术的发展。（上图）

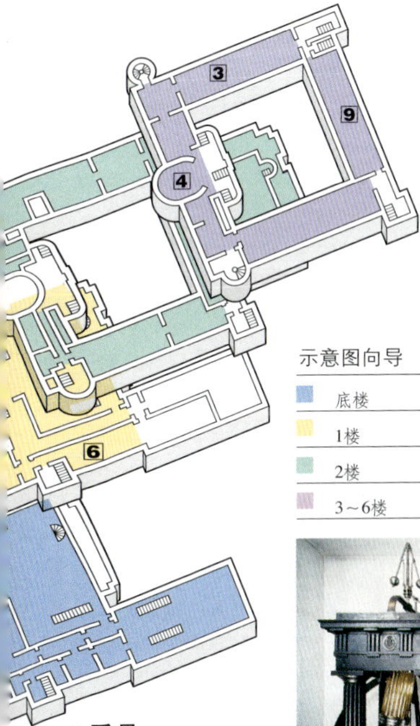

示意图向导

- 底楼
- 1楼
- 2楼
- 3～6楼

10 导航器

除了大量的船舶模型以外，巨大的展厅还展出了许多真实的帆船和轮船，如：1932年制作的“Renzo号”蒸汽拖船和“尤尔·玛丽亚号”（Ewer Maria）木质渔船。（上图）

6 乐具

希区柯克（Hitchcock）的著名旋律《群鸟》（the Birds）就是在特劳托宁电子琴（trautonium）上创作而成的。（下图）

8 动力机械

您可在该展区找到蒸汽机、内燃机和涡轮。其中部分巨型机械，如：Alban高压蒸汽机（上图），可被视为真正的艺术品。

博物馆指南

博物馆的17000件展品分布于6个楼层之上。下面几层展出的是重型机器，并介绍化学、物理、科技和航空相关知识。居中的几个楼层专门陈列装饰性艺术品，上面的楼层专门展出天文学、信息科技和微电子学方面的成果。蔡司星象仪存放于6楼的拱顶处。

德意志博物馆分馆详情请见第11页

航空展厅

蔡司星象仪

法国塞纳河桥的模型

TOP 10 德意志博物馆的收藏

1 物理和天文

物理展区以医疗辅助设备为特色，如：滑轮、水泵以及测量和观测仪器，其中包括与艾柯·安伯托（Umberto Eco）小说同名的“傅科摆”（Foucault's pendulum）。参观天文学区能够让您感受到宇宙的浩瀚与古老。

2 钟表、化学、制药和环境

您能看到传统手工制作的钟表样品。在化学区，著名的实验和化学家贾斯特斯·利比希（Justus von Liebig）的实验室吸引着参观者的眼球。制药展厅展出了药物研究的发展。生态问题在环境展厅中得到处理。

3 矿业、冶金和农业

在地下室，这里不仅有一座再造的煤矿，还展出了各种记录一万两千年来冶金业发示史的展品。农业展区展出了各种农作物的种植方法、酿造技术及制糖工艺。

4 玻璃制陶术和机床

该展区展出了应用于各种工业生产的原材料和生产技术。这些展品不仅阐明了玻璃和纸制造过程；同时还介绍了各种门类的制陶过程，如：砖和瓷器的烤制。这里还展出了各种生产工具，从新石器时代开始的钻子到当今电脑控制的机床。

5 能源技术

从最原始的风车到离子和熔接技术，该展区以各类让生活更加便捷的发明为特色。巨大的蒸汽机和高伏实验是您参观的首选。

6 通讯

除电报和无线电通讯设备外，该部分还包括介绍复印技术、照相和摄影的区域。参观者将惊叹于20世纪40和50年代制作的能占据整个房间的计算机。

7 导航器

各种船舶的模型展现了几千种不同的导航器。西奥多·胡斯（Theodor Heuss）号救险快艇被放置在博物馆南面的露天展厅。

8 航空航天

在巨大的展厅内，220年的航空航天史重现于观众眼前。这里您可以观看到蒙特哥菲尔兄弟（Montgolfier brother）的热气球和现代的喷气式飞机。太空旅行区陈列着宇宙空间实验室的复制品。

G F 布兰德（Brander）1760年制造的地平象限仪

该节选仅为重点游最具代表性的一部分，更多的如模仿建造的阿尔塔米拉洞穴（Altamira Cave）

9 土木工程

一座全真的吊桥占据了展厅全部。墙面投射屏记录了当参观者穿越吊桥时桥身的摆动。

10 儿童乐园

该展区完全是为三岁以上的年轻科学家设计。儿童可以在家长的陪同下进入展区。互动式的展出可以让孩子体验如下的现象：通讯、能源、光学和声学。科技玩偶区让孩子们在互动探索后轻松一下。

十佳航空和交通设计

1. 福克DVII（Fokker D VII）战斗机（一战）
2. 道格拉斯DC-3型（Douglas）商用机，1943年
3. 德国He 111（Heinkel He 111）轰炸机（二战）
4. 洛克希德F-104“星战士”（Starfighter）式战斗机
5. Donier Do31，垂直离地升空机
6. 帕芬比利火车（Puffing Billy），世界第一部蒸汽火车
7. Drais车轮
8. 奔驰（Benz）汽车，世界上最早的汽车
9. 忽普勒（Rumpler）设计的“泪滴”形汽车（Tropfenwagen），飞机发动机汽车，1921年
10. USN Delphin III 摩托车，1956年

交通中心展厅

交通中心展厅中的汽车馆藏体现了展品的星光品质。

分博物馆

飞行基地航空中心展厅

飞行基地航空中心是德意志博物馆中专门介绍航空史的分馆，位于Schleißheim（恩绅莱大街〈Effnerstrasse〉18号，奥堡宿舍〈Oberschleissheim〉·电话089/31 57 14-0）的一个旧的机场上。除了老建筑物和机场本身外，7800平方米（8.4万平方英尺）的展区内陈列着超过50架的飞机、直升机和悬挂式滑翔机，同时还有其他的设备和器械。展区分为特殊展品区、儿童游览区和专家导游区。展馆内设有商店和餐厅（Pegasus），且全年有年轻的艺术家为展区服务。

交通中心（Verkehrszentrum）于2003年在特雷西霍赫地区（Theresienhöhe）（Theresienhöhe 14a·电话：089/21 79 529）向公众开放。三座文物保护大厅曾经是慕尼黑集市的主要场所，现用于陈列机车、汽车、客车和自行车。德意志博物馆和其分博物馆一起成为世界上最大的交通博物馆，提供了一幅详尽的现代城市交通和运输技术的全景图。专业的展出和讲座丰富了博物馆内容。

宁芬堡

1664年，王侯斐迪南·玛里亚（Ferdinand Maria）喜得一子。为庆祝小王侯的诞生，王侯及夫人亨利特·阿德莱德（Henrietta Adelaide）任命大臣Agostino Barelli在慕尼黑西部修建了该夏季行宫。宫殿的附加建筑从1701年开始陆续增添。漫步于宫殿后花园令人心旷神怡。经过300多年的建设，原先的观赏花园已扩建为豪华的宫殿，其中有巴洛克式的花园、穿梭的水渠和星罗棋布的亭台。

宁芬堡花园中的小渠

Palmenhaus café咖啡屋是您放松的好去处（089-17 53 09）

公园内有电子导游服务，同时还为您提供主题旅游

- 地址：宁芬堡
- 乘车路线：乘12、16、17路有轨电车，或乘51路公交车
- 地图A2～A3和B2～B3
- 电话：(089) 179 08-0
- 城堡、花园及马车博物馆（Marstall Museum）开放时间：4月至10月15日为每天的上午9点至晚上6点，10月16日至3月为上午10点至下午4点
- 1月1号、忏悔节、12月24号～25号及12月31号休息
- 门票价格：（包括城堡、花园及马车博物馆的参观门票）10欧元（优惠价为8欧元），冬季门票8欧元（优惠价6欧元）
- 宫廷花园开放时间：1月、2月和11月每天早6点30分至下午5点，3月早6点至下午6点，4月～9月早6点至晚上8点30分；5月～8月早6点至晚9点30分，10月早6点至晚7点，12月早6点30分至下午5点30分
- 公园免门票
- 春秋两季游园免费

十大特色

1. 宫殿
2. 美人画廊
3. 石头大厅
4. 壁画殿
5. 宫廷花园
6. 马车博物馆
7. 阿玛琳城堡
8. 帕戈登堡
9. 巴登堡
10. 玛德琳教堂

1 宫殿（The Palace）

马克西米连二世·埃马努埃尔（Maximilian II Emanuel）和卡尔·阿尔布雷特（Karl Albrecht）在1664年宫殿的基础上进行了扩建，增添了由恩瑞克·祖卡里（Enrico Zucalli）和约瑟夫·艾弗纳（Joseph Effner）设计的建筑。有列拱的画廊与主体建筑相连，俨然一体。（右图）

2 美人画廊（Gallery of Beauties）

路德维希一世任命约瑟夫·施蒂勒（Joseph Stieler）制作了精美的美人画廊，其中陈列着许多贵妇、美女和舞者的画像，其中包括美丽的裁缝之女海莲娜·瑟德玛（Helene Sedlmayr）的画像。（上图）

3 石头大厅（Steinerner Saal）

该开阔的舞厅中洛可可式的装饰是乔安·B·茨尔曼（Johann B Zimmermann）和老库维利茨（Cuvilies the Elder）合作在马克西米连三世·约瑟夫（Maximilian III Joseph）统治时期建造。

4 壁画殿（Lackkabinett）

用黑漆在木板上绘制的精美的中国式图纹把洛可可式的天花板装点一新。（下图）

瓷器博物馆（Porcelain Factory museum）坐落于扩建后的建筑中，记录了从1747年开始的宁芬堡中国陶瓷作坊的历史

5 宫廷花园 (Palace Gardens)

利用已有的小森林建立的英式风格的花园连接着宫殿后面对称分布的法式花园。花园中亭台、长廊、喷泉、观赏性的池塘和其他公园设施形成独特的公园景致。

宫廷花园示意图

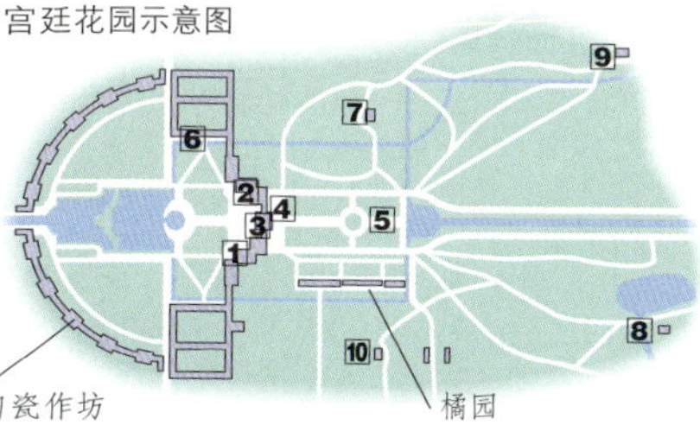

9 巴登堡 (Badenburg)

该建筑由一个舞厅和带温泉浴池的双层洗浴大厅组成，使其成为欧洲顶级的浴场，也是您欧洲之行绝对要参观的景观之一。庭院中的三间房屋装点着昂贵的中式风格的壁纸。

10 玛德琳教堂 (Magdalenenklause)

人工洞穴和装饰华丽的建筑是18世纪人们对于浪漫生活追求的最佳表现。该建筑内具有寺院庄严风格的房间曾经是老王侯马克西米连·埃马努埃尔(Maximilian Ema-nuel)隐居的地方，旁边的山洞内建有一座小礼拜堂。

6 马车博物馆 (Marstall museum)

该博物馆陈列着各式各样的巴伐利亚时代统治者曾经使用过的马车和雪橇。路德维希二世的镀金四轮马车（下图）就是展品之一。

8 帕戈登堡 (Pagodenburg)

该18世纪时期建造的带八边形屋顶的庭院，是一件将东西方的装饰艺术完美结合的艺术品。底层盖有代夫特陶器（Delft）制成的瓦片。

7 阿玛琳城堡 (Amalienburg)

该城堡是老库维利茨在1734年到1739年间为阿玛琳王侯夫人（ Electress Amelia）出猎建造的山林别墅，他完美表现了欧洲洛可可式宫廷建筑的特色。(右图)

从一座典型的花园到宫廷花园

1664年时这座花园还主要以观赏性为主。1701年花园开始扩建并在园中开凿出一条运河。从1715年开始，设计师多米尼克·格拉德（Dominique Girard）和约瑟夫·艾弗纳指挥在园中修建了一系列的水渠、喷泉、树篱和小树林，将花园变为一座具有巴洛克风格的皇家园林。各式的庭院和林间别墅也在18世纪时期陆续修建。19世纪开始，费德雷西·L·封·斯克尔（Friedrich Lvon Sckell）将公园改建为英式风格的花园。

宫殿右侧的人文和自然博物馆（Museum Mensch und Natur）以展出自然科学为特色。详情请登陆：www.musmn.de

TOP 10 博物馆区—古绘画陈列馆

博物馆区包括三个最主要的博物馆：古绘画陈列馆（Alte Pinakothek）、新绘画陈列馆（Neue Pinakothek）和现代艺术陈列馆（Pinakothek der Moderne）。（见16~17页）附近还有希腊博物馆（Glyptothek）、国家文物博物馆（State Collection of Antiquities）和冷巴赫艺术馆（Lenbachhaus）。古绘画陈列馆由路德维希一世创建，德国新古典主义建筑师雷奥·封·科仑册（Leo von Klenze）设计，1863年向公众开放。该馆收集了巴伐利亚诸公爵、王侯和国王的珍藏品，以及修道院解散后遗留的珍品。今天，博物馆内收藏着14世纪到18世纪艺术的代表作。

古绘画陈列馆入口石狮

英式风格的Klenze咖啡馆于2005年在古绘画陈列馆开业，出售糕点和饮料。

电子导游服务包括在门票内

- 古绘画陈列馆
巴拉路（Barer Str.）27号
(089) 23 805 216
- 开放时间：星期二至星期日上午10点至下午5点（星期二延长至晚上8点），少数节假日休息
- 门票价格：5.5欧元（优惠价4欧元），星期日1欧元
- 新绘画陈列馆
巴拉路（Barer Str.）29号
(089) 23 805 195
- 开放时间：星期三至星期一上午10点至下午5点（星期三延长至晚上8点），少数节假日休息
- 门票价格：同上
- 现代艺术陈列馆
巴拉路（Barer Str.）40号
(089) 23 805 360
- 开放时间：星期二至星期日上午10点至下午5点（星期四、五延长至晚上8点），少数节假日休息
- 门票价格：9.5欧元（优惠价6欧元），星期日1欧元
- 地图K2
- 乘U2地铁到特蕾西大街（Theresienstraße）下，或乘27路有轨电车
- www.pinakothek.com

十大绘画

1. 《亚历山大之战》
2. 《移除自十字架》
3. 《安乐乡》
4. 《皮尔塔》
5. 《国王卡尔五世肖像》
6. 《抢夺洛伊基伯斯之女》
7. 《维纶·万海·苏伊森肖像》
8. 《圣衣之剥夺》
9. 《四个传道士》
10. 《博士敬拜》

1 《亚历山大之战》(Battle of Alexander at Issus)

阿尔特多费尔（Altdorfer）1529年的绘画描绘了亚历山大大帝（Alexander the Great）战胜波斯国王达流士（Persian King Darius）关键一役。（下图）

2 《移除自十字架》(Deposition from the Cross)

伦勃朗（Rembrandt）这幅在1633年的代表作以对光线的神奇捕捉为特点。该画属于荷兰绘画收藏系列，这里以风景画为特色，同时展出了其他的作品。

3 《安乐乡》(Land of Cockaigne)

勃鲁盖尔（Breughel）是佛兰德画派（Flemish School）最著名的代表人物。在此绘画中，他大力讽刺了贪婪和游手好闲的人。（上图）该图同样也是大型鲁本（Ruben）绘画收藏中的一部分。

4 《皮尔塔》(Pietà)

意大利著名画家山德罗·波提切利1495年的画作以其饱满的红色色调和强烈的对比吸引着参观者的眼球。这幅画是意大利绘画收藏中的众多代表作之一。

5 《国王卡尔五世肖像》(Portrait of Karl V)

是意大利画家提香（Titian），于1548年在奥格斯堡德意志帝国国会成立之际，为国王卡尔五世绘制的肖像。

三个博物馆一年的通票为70欧元（省40欧元）

6 **《抢夺洛伊基伯斯之女》(The Rape of the Daughters of Leukippos)**
荷兰画家鲁宾斯（Rubens）1618年最具巴洛克风格的代表作。(上图)

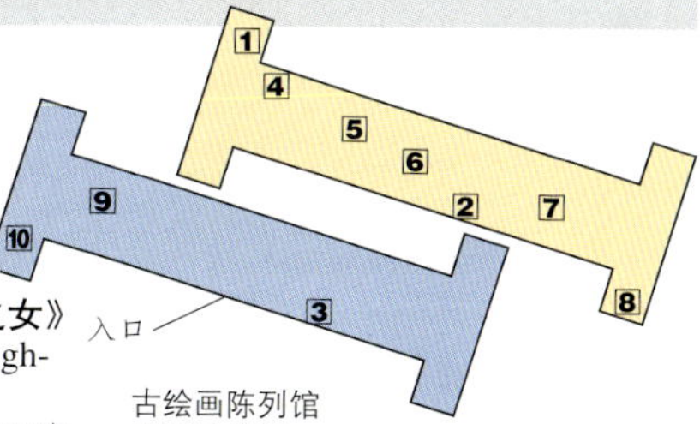

古绘画陈列馆
平面示意图

示意图图例

- 底层
- 一层

9 **《四个传道士》(Four Apostles)**
丢勒艺术品收藏纪录了这位艺术家从他绘制《穿毛皮大衣的自画像》(Selt-Portrait in Fur Coat)(1500年)到《四个传道士》(1526年)的发展。此画绘制于他去世前两年。

10 **《博士敬拜》(Adoration of the Magi)**
老汉斯·荷尔拜因（Holbein the Elder）1502年创作的后期哥特作品，是凯舍美尔神庙（Kaisheimer alter）八大景观（Eight Scenes）的一部分。

7 **《维纶·万海·苏伊森肖像》(Portrait of Willem van Heythuisen)**
哈尔斯（Hals）这幅庄严的画作（1625年～1630年）是荷兰肖像画法的典型代表。(上图)收藏中还包括风景画和其他作品。

8 **《圣衣之剥夺》(Disrobing of Christ)**
厄·葛雷科（El Greco）这幅庄严的作品绘制于1585到1608年间。(下图)它是小而精致的西班牙绘画收藏的一部分。

博物馆游览说明

古绘画陈列馆的收藏分置于两层。1500多件德国作品陈列在底层。1层摆放着除1500件作品以外的其他德国绘画、旧荷兰大师作品、意大利文艺复兴时期的绘画、17世纪法国绘画、佛兰德绘画、荷兰绘画和小幅的西班牙绘画。博物馆的19间主展室和47条侧画廊中还收藏了700多件艺术品。餐厅和书店也位于底层。

《海神的骏马》，奎恩　　《穷诗人》，施皮茨维格　　《海浪嬉戏》，勃克林

TOP10 新绘画陈列馆和现代艺术陈列馆

1 《海神的骏马》(Neptune's Horses)

在这幅1892年的绘画中，画家沃尔特·奎恩（Walter Crane）将前拉菲尔派的表现艺术中融入了新文艺运动（Art Nouveau）和象征主义的元素。

2 《穷诗人》(The Poor Poet)

卡尔·施皮茨维格（Carl Spitzweg）1839年的著名绘画捕捉到了彼德麦式样的时期（Biedermeier period）的精神。

3 《沙滩上的男孩们》(Boys on the Beach)

1898年开始，马克思·利伯曼（Max Liebermann）的作品在表现当时德国盛行的印象主义的特色外，还突出了光线效果在作品中的运用。

4 《工作室里的早餐》(Breakfast in the Studio)

埃德沃德·曼涅特（Edouard Manet）从1868年起的作品成为了新绘画陈列馆的重点之一。在其最有影响的作品中巧妙的运用了光与黑的强烈对比，从而开创了印象主义的先河。

曼涅特的《工作室里的早餐》

5 《海浪嬉戏》(Play of the wares)

阿诺德·勃克林（Arnold Böcklin）的全部作品都深深地受到了罗马古典神秘主题的影响。这幅在1883年创作的作品描绘了居于山林水泽的仙女、传说中的美人鱼和海神的活动，作品带有新巴洛克风格，含蓄的表现了人物间的性爱关系。

设计收藏品

6 一流现代艺术品收藏厅（The Classic Modern Collection）

博物馆的收藏厅分为两个主要的部分。现代艺术品包括了上至20世纪60年代的作品，都是基希纳(Kirchner)、诺尔德（Nolde）、布拉克（Braque）、毕加索、克利(Klee)、贝克曼（Beckmann）和其他大师的大作。

7 当代艺术品收藏厅（The Contemporary Art Collection）

该部分收藏了20世纪60年代以后包括巴塞利兹（Baselitz）、瓦尔(Warhol)、德·库宁（de Kooning)、托姆利（Twombly）和其他艺术家在内的作品。

该页中的1~5项属于新绘画陈列馆，6~10项属于现代艺术陈列馆

奥拉夫·梅茨尔设计的《耶路撒冷之旅》(2002年)

8 形象艺术品收藏厅（The Graphic Art Collection）

该展厅重点收藏了从老绘画大师（伦勃朗和提香）到塞尚的各种绘画艺术品。同时，还收藏有巴塞利茨（Ba-selitz）和沃奥斯（Wols）创作的现代形象艺术品。弗朗茨·马尔克（Franz Marc）钢笔画《蓝驹之塔》（The Tower of the Blue Horses）也在展出之列。旋转展厅内摆放有超过4.5万幅绘画和大约35万件印制品。

9 建筑收藏厅（The Architecture Collection）

现代艺术陈列馆底层的旋转大厅内展示着大约35万张建筑物的平面设计图纸、10万张照片和近500个模型。

10 设计收藏厅（The Design Collection）

该展厅的大约6万件收藏品都是现代生活实用品。展品从弯曲椅子（蒂奈特设计）到20世纪60年代流行的家具，从世界空气动力学设计到电脑设计。

现代艺术陈列馆建立过程中的十件大事

1. 1990年开始设计
2. 1992年施蒂芬·布豪弗斯（Stephan Braunfels）赢得设计竞标
3. 1993年巴伐利亚政府决定建筑费用的10%从社会募集
4. 1994年PDM基金会募集到3千万德国马克
5. 1995年决定开始修建博物馆
6. 1996年开始铺草坪
7. 1998年封顶仪式
8. 2000年有关额外费用的争论（3000万德国马克）
9. 屋顶结构受损
10. 2002年正式开馆

博物馆和艺术区

新绘画陈列馆是由路德维希一世建立，并于1853年开放，1944年遭到破坏。新的结构是由亚力山大·封·勃兰卡（Alexander von Branca）设计，40年后（1981年）开始正式建造。新绘画陈列馆的固定馆藏包括4500多幅绘画和300座雕塑，使其成为19世纪艺术最重要的博物馆之一。施蒂芬·布豪弗斯设计并于2002年开始建造的宏伟的现代艺术陈列馆是20世纪和21世纪艺术品的殿堂。2万平方米（215300平方英尺）的展厅为固定馆藏和专门展览提供了巨大的空间。馆内所有的画廊环绕着中心的圆形大厅，并通过网状阶梯连成一体。起初就博物馆设计的争议颇多，因为展厅的建筑成本高达一亿二千一百万欧元。而现今，该博物馆建筑本身就是世界惊人的艺术收藏品之一。同时，它也是德国最大的博物馆。博物馆区的三座陈列馆很快就和其他的博物馆，如：布兰德霍斯特陈列馆（Bra-ndhorst collection），连成一体。摄影博物馆也在筹备当中。希腊博物馆、国家文物博物馆和冷巴赫艺术馆相距不远，漫步就可穿行于三座博物馆之间，并连接形成艺术区的中心。博物馆区同时也是几十条私家画廊的天地。

现代艺术陈列馆圆形大厅

有关现代艺术陈列馆的详细介绍请登陆：www.pinakothek-der-moderne.de

慕尼黑奥林匹克公园

为迎接1972年第二十届慕尼黑夏季奥运会，一座全新的奥林匹克公园在报废的机场和阅兵场上拔地而起。该公园以假山、人工湖泊、一座电视塔和体育设施为特色。公园由Behnisch&Partners公司设计，雅致而通风的建筑主要以设计师奥托（Frei Otto)设计的透明鱼网帐篷式屋顶为特色。帐篷形状的屋顶只覆盖了体育场、礼堂和游泳池的一部分，它被认为是现代建筑的典范。

鸟瞰奥林匹克公园

旋转餐厅是您就餐的好去处，就餐同时您还能欣赏到迷人风光

您也可预定在夏季攀登帐篷屋顶所需的全套钩绳。预定电话：089-30 67 24 14

· 地铁3号线到奥体中心(Olympiazentrum）站
· 地图D1～E1
· 电话：（089） 30 67 24 14
· 奥林匹克电视塔：每天上午9点至晚上12点（晚上10点30分停止售票），门票价格：3欧元（优惠价2.5欧元）
· 屋顶之旅：4月~10月星期五～星期日每天下午4点向游人开放；
· 门票价格：40欧元（10～15岁儿童30欧元）
· 冒险之旅（奥林匹克公园球场）：4月～10月星期五～星期日每天凌晨1点向游人开放；
· 门票价格：7欧元(6~15岁儿童5欧元；6岁以下儿童免费）
· www.olympiapark-muenchen.de
· 奥林匹克水上中心
· 开放时间：每日上午7点至晚上11点15分
门票价格：3.5欧元（6岁以上儿童<包括6岁>2.5欧元）
· 桑拿天堂和水上中心的通票价格是12.5欧元

十大特色

1. 奥林匹克电视塔
2. 旋转餐厅
3. 奥林匹克体育馆
4. 奥林匹克礼堂
5. 湖泊和公园
6. 奥林匹克滑冰场
7. 室内滑雪场
8. 奥林匹克水上中心
9. 圣父礼拜堂
10. 剧场和其他设施

1 奥林匹克电视塔(Olympic Tower)

高速电梯将游客带到290米(900英尺）高的奥林匹克电视塔上的参观平台和旋转餐厅。（右图）在这里，您可以观看到公园和城市的美丽景致。当著名的Föhn风掠过城市上空时，您甚至还可以看到美丽的阿尔卑斯山。

2 旋转餐厅（Revolving Restaurant）

奥林匹克电视塔上旋转餐厅位于离地面180米（825英尺）的高空。午餐为您提供有法式菜肴，晚餐您可以品尝到美酒佳肴。餐厅旋转一周需49分钟，为就餐者提供独特的城市全景图。

3 奥林匹克体育馆(Olympic Stadium)

体育馆可容纳6.7万名观众，并常年成为拜仁慕尼黑足球俱乐部的主场。该俱乐部现已搬离，体育馆用于其它各类活动。

4 奥林匹克礼堂(Olympic Hall)

奥林匹克礼堂设计用于举行不同形式的活动，并可容纳。1.4万多位观众。礼堂的顶部由大范围的拉伸式帐篷形屋顶覆盖，并由58根吊柱支撑。该场地不仅可用于各种赛事活动，还可用于举行音乐会、会议和展览会。

您可以买到各种类型的参观奥林匹克电视塔和其他体育设施的通票

5 湖泊和公园

园中的小山是利用战后废墟的瓦砾建起。在经过修饰后，假山旁边还增修了许多林荫大道和一个人工湖泊，漫步其间令人心旷神怡。登上奥林匹克城堡的顶层，公园和城市的壮丽景致尽收眼底。

奥林匹克公园平面示意图

10 剧场和其他设施

奥林匹克公园中还设有网球场、室内自行车赛道、沙滩排球场、篮球场、赛艇道和夏季冰球场。剧场（上图）可容纳5000名观众，夏季可用于举行免费的露天音乐会。

6 奥林匹克滑冰场

这里是您练习滑冰和冰上舞蹈的好去处。这里出租冰鞋。

7 室内滑雪场

您可以在此尽情享受在150米（500英尺）的人工滑雪坡上滑雪的乐趣。同时，这里还开设有滑雪学校和滑雪后休息的小宾馆，并为您提供滑雪用具出租的服务。

8 奥林匹克水上中心

该水上中心（右图）为欧洲最大。馆内设施包括跳水池、桑拿间、蒸汽浴室、太阳浴草坪和健身房。

9 圣父礼拜堂（Father Timofej's Chapel）

这座俄罗斯东正教小礼拜堂（上图）是俄罗斯人Timofej和Natasha于1951年在未经许可的情况下在奥林匹克运动场上建立的，并保存至今。

1972年9月5日

这一天对慕尼黑来说是黑色的一天。巴勒斯坦恐怖主义者（“黑色九月”组织成员）在下午4点偷偷溜进奥运村，杀害了两名以色列队员，并绑架9名运动员。警察虽尽全力在Fürstenfeldbruck机场解救人质，但仍未成功。9名以色列人质、5个巴勒斯坦人和1位警察在冲突中死去。尽管发生了如此惨剧，组委会仍决定在短暂休息后继续比赛。

奥林匹克公园有慕尼黑最大的城市健身综合设施。详情请登陆：www.olympiapark-muenchen.de

TOP10 拜仁皇族宫殿

位于城市的中心，这座宫殿一直到1918年都是巴伐利亚统治者的住所和维特尔斯巴赫（Wittelsbach）王朝的皇宫，并逐渐从1358年时修筑的带护城河的城堡转变为建有7所庭院的大型宫殿。宫殿主体包括最大的文艺复兴时期的世俗建筑物珍宝馆（the Antiquarium），17世纪和洛可可风格时代的内部装潢和建筑师莱奥·封·克伦茨(Leo von Klenze) 设计的古典主义建筑国王大楼（Königsbau）。宫殿内同时摆放着特殊的收藏品，如：银器、法衣和18、19世纪的陶器。

宫殿的格罗顿园

皇家花园（Hofgarten）内历史悠久的Tambosi小餐馆提供有夜点心。Pfälzer Residenzweinstube餐厅内（宫殿大街（Residenzstr.）1号）您可以品尝到海鲜和烤肉。

宫殿内部和周边都提供有导游服务。

· 宫殿大街（Residenzstr.）1号
· 乘地铁3号和6号线（U3/U6）在剧场广场（Odeonsplatz）下
· 地图L3～M3
· 电话：(089) 29 06 71
· 拜仁王族宫殿：
开放时间：4月～10月每天上午9点至下午6点，11月～3月每天上午10点至下午4点（宫殿一部分区域早上开放，一部分在下午开放），有电子导游服务
· 1月1号、忏悔节、12月24号、25号及12月31号休息
· 门票价格：6欧元（优惠价5欧元），加上王宫博物馆（Residenzmuseum）和皇宫博物馆（Schatzkammer）的通票价格为9欧元（优惠价8欧元，18岁以下儿童免费）
· 老皇宫剧院（Cuvilliés Theatre）闭馆装修，将于2008年重新向游客开放
· 门票价格：3欧元（优惠价2欧元）
· 没有轮椅专用通道

十大特色

1. 珍宝馆
2. 老皇宫剧院
3. 皇宫博物馆
4. 皇家小礼堂
5. 庭院
6. 豪华小礼堂
7. 豪华间
8. 埃及艺术收藏馆
9. 钱币收藏馆
10. 皇家花园

1 珍宝馆 (Antinquariam)

阿尔布雷特五世(Albre-cht Ⅴ)授权，该文艺复兴时期的珍宝馆建造于1568~1571年间。富有寓意的壁画、奇形怪状的人物和图案以及巴伐利亚风景图将69米（225英尺）长的圆筒形拱顶长廊装点得富丽堂皇。珍宝馆在1995年到2000年间重新修缮。（中图）

3 皇宫博物馆 (Schatikammer)

16世纪时修建的皇宫博物馆内收藏有黄金、陶器、维特尔斯巴赫王朝皇冠的珠宝和其他许多的珍宝。（左图）

2 老皇宫剧院 (Cuvillés Theater)

老库维利斯（Cuvilliés the Elder）在1751年到1755年间修建的华丽的洛可可式的剧场，被广泛的认为是欧洲建筑的经典。（下图）

4 皇家小礼堂 (Hof-kapelle)

这座精心修筑的小礼堂是由Krumpper在1601年至1614年间建造的。

钱币收藏馆和埃及艺术收藏馆有单独的开放时间和门票

5 庭院 (Courtyards)

通过文艺复兴时期特色的北门，您来到了凯瑟园(Kaiserhof)；南门带您进入到别致的格罗顿园(Grottenhof)；泉水园(Brunnenhof)是八边形造型；百药园(Apothekenhof)是这里最大的庭院；老皇宫剧院的庭院最小。

宫殿的平面示意图

10 皇家花园 (Hofgarten)

该文艺复兴时期的花园位于王宫的北侧，花园被庄严的花丛和树篱环抱，园内菩提树成荫，洋溢着浓郁的意大利风情。老海瑞希·薛恩(Heinrich Schön the Elder)设计的戴安娜神庙(Temple of Diana)和海贝壳铺成的小亭将园中网络状的小道连接到一起，形成花园的中心。东面是备受争议的巴伐利亚州政府官邸(Bavarian State Chancellery)的现代建筑，它是在前军事博物馆的废墟上建立的。

6 豪华小礼堂 (Reiche Kapelle)

马克西米连一世的私人小礼拜堂(1607年)内的黑檀神台和银质浅浮雕使该建筑成为曼纳瑞斯式建筑的典范。(下图)

7 豪华间 (Reiche Zimmer)

穿过骑士厅(Rittersaal)您来到的是以早期洛可可式风格建造的几套房间。豪华间是由François Cuvilliés和Grüne Gallerie在1730年设计的两间令人惊叹的房间。(右图)

8 埃及艺术收藏馆 (Egyptian Art Museum)

1970年在靠近王宫的皇家花园配楼上开放的博物馆摆放着古埃及和科普特人时期的精美收藏品。(上右图)

9 钱币收藏馆 (Coin Collection)

这里有世界上最大的钱币收藏。同时还有秤和度量器展品。

破坏与重建

巴伐利亚的统治者花上百年的时间建造了这座宫殿，而在二战中的仅仅几个小时里，宫殿的大部分建筑都遭到了破坏。战争结束后，修缮工作立即展开。战时转移的许多艺术珍宝又重新搬回皇宫。参观者可以欣赏到130间4个世纪的高贵文化装点一新的房间。

皇宫中的赫库勒斯大厅曾经是君王的大殿，由于其卓越的音效，这里已成为颇受欢迎的音乐厅。

TOP10 慕尼黑十月啤酒节

超过600万的游客，500万升的啤酒，20万对猪肉腊肠和100只烤牛使得慕尼黑十月啤酒节成为世界上最大的民间节日。巴伐利亚女神雕像下，广阔的特蕾西亚草坪广场（Theresienwiese）（简称为Wiesn）变成了一个巨大的露天市场。这里有各传统啤酒酿造厂搭起的啤酒帐篷，游乐场和出售姜饼点心、烤鸡和新鲜椒盐脆饼的小商贩。在16天的啤酒盛事期间，游客和当地居民身着当地的传统服饰，纵情于巴伐利亚的狂欢中。

爱情纪念品（特蕾西亚之心）

喜欢不含酒精饮料的游客可以选择光顾特蕾西亚草坪广场上特有的咖啡亭。

少数景区在部分日子有折扣活动。

特蕾西亚草坪广场（Theresienwiese）
- 乘U3～U6号地铁到歌德广场（Goetheplatz）下，或U1号线到特蕾西亚草坪广场（Theresienwiese）
- 地图D5
- 9月中旬到10月初，节日将持续16天
- 开放时间：星期一到星期五每天上午10点至晚上11点30分；星期六、星期日和其他节假日上午9点至晚上11点30分（其中一些啤酒帐篷开放时间更长）。每天晚上10点30分后停止售票
- 免费
- 大型游览团可在啤酒节开始前提前预订
- www.oktoberfest.de

十大特色

1. 盛大的进城仪式
2. “敲开酒桶”仪式
3. 啤酒帐篷
4. 烤牛
5. 串烧烤鱼
6. 施希特表演
7. 跳蚤马戏表演
8. 游乐场
9. 纪念碑
10. 巴伐利亚女神雕像

1 盛大的进城仪式 (Grand Entry)

从1925年开始，每年的十月啤酒节在星期六早晨盛大的进城仪式下拉开帷幕。披着节日盛装的马匹载着鲜花装点下的酿酒桶（下图）穿过城市，乐队、酿酒厂的主人、欢快的市民和身着传统服饰的工人们紧跟其后。

2 “敲开酒桶”仪式 (O'zapft is！)

紧接着盛大的进城仪式是在特蕾西亚草坪广场上最古老的Schottenhamel啤酒帐篷内举行的啤酒节开幕式。中午的时候，慕尼黑市长高喊着巴伐利亚本地语“O'zapft is”，并敲开啤酒节的第一桶啤酒，拉开了啤酒节的序幕。

3 啤酒帐篷 (Beer Tents)

啤酒永远是帐篷内的主题，人们手拉着手伴着乐队的音乐跳起欢快的舞蹈，并拼命的畅饮着手中一杯又一杯的啤酒。（上图）这里流行着这样一句话：每个人都有自己的啤酒天堂。若您想寻找啤酒氛围稍淡的地方，您可以去小一些的啤酒帐篷，如：Fischer Vroni啤酒帐篷。

除啤酒外，Weinwirt和Käfer酒吧帐篷内还有红酒出售

4 烤牛 (Oxen Roast)

整只牛将当场在您面前的金属扦上烤制。一份烤牛肉和猪肘加上脆饼是啤酒节上最传统和最具巴伐利亚特色的下酒菜。每年大约要为啤酒节宰杀近百头牛。

7 跳蚤马戏表演 (Flea Circus)

另一个传统表演是具有半个世纪历史的小矮人和他们的主人们的表演。跳蚤马戏团的表演是所有怀旧人们必须参加的活动之一。

9 纪念碑 (Memorial)

1980年9月26日晚上10点半左右，一颗炸弹在特蕾西亚草坪广场入口爆炸。13人死亡，超过200多人受伤。事后，人们竖起一座石碑（左图）作为对这次新纳粹党制造的爆炸的警示。

10 巴伐利亚女神雕像 (Statue of Bavaria)

1843年，国王路德维希一世授权建筑师莱奥·冯·克伦茨在特雷西霍赫地区修建了这座伟人英名厅(Ruhmeshalle)。目前这里矗立着许多巴伐利亚名人的半身像。路德维希·施万塔勒设计，并由米勒在矿石上雕刻而成的巨大的巴伐利亚女神雕像矗立在大厅前。从雕刻头内部的一个平台上可以观赏到特蕾西亚草坪广场的壮丽景致。

5 串烧烤鱼 (Steckerlfisch)

空气中除了弥漫有啤酒的香味以外还有诱人的在木炭上烤出的鱼肉的香味。

6 施希特表演 (Beim Schichtl)

欢迎大家来到特蕾西亚草坪广场上开始于1871年固定的歌舞表演。今天您还可以观赏到活人“砍头”表演。（下图）

8 游乐场 (Rides)

这里除了有传统的游乐设施旋转木马和飞靶射击外，还有最新的惊险刺激的欧洲之星坠机急救和海盗船，适合于喜欢刺激游戏的各个不同年龄段的游客。缓慢旋转的弗累斯大转轮给这里增添了壮丽的一景。

十月啤酒节的历史

1810年10月12日，为了庆祝巴伐利亚王子路德维希同公主特蕾莎的婚礼，人们在为纪念公主而命名的特蕾西亚草坪广场上举行了五天的庆祝活动。于是人们决定在下一年的同一时间再举办一次这样的庆典活动。很快便成为了一年一度的民间活动。那时只是置办了一些旋转木马和啤酒桶。到19世纪70年代才发展成为德国的流动消费场所。1896年有了啤酒棚。今天，啤酒节吸引着成千上万的来自世界各地的游客。

更多关于啤酒节举办日期、折扣活动和住宿的信息，请登陆：www.muenchen.de

TOP 10 啤酒公园

夏季，啤酒公园里出售有巴伐利亚的“液体粮食”。啤酒公园的夏季在3月的大斋期（Lent）提前来到，这时酿酒商们纷纷来此推销他们的烈性黑啤，其中著名的品牌包括Salvator、Maximator和Triumphator。这里出售各种品牌和不同种类的啤酒，如：麦啤（ale）、清啤（light beer）和小麦啤酒（wheat beer），著名的品牌有：Augustiner、Löwenbräu和Paulaner。您只有在舒适的夏季夜晚，坐在栗子树荫下的木质长凳上，在猪肉腊肠和串烧烤鱼的香味中，酣畅淋漓的饮上一升啤酒后，您才能真正的了解慕尼黑。

手拿啤酒杯的巴伐利亚女服务员

啤酒花园中同样出售有不含酒精的饮料

啤酒花园分为服务区和自助区。在自助区内，人们可以自带食品

· 每天向游人开放，通常从5月中旬到9月末每天开放时间为上午10点或11点到晚上11点，有时更晚。花园在晚上10点30分后停止售票
· 参观啤酒花园最好乘坐公共交通

啤酒花园十大特色

1. 奥古斯丁酒馆
2. Löwenbräukeller酒馆
3. Flaucher花园酒馆
4. Hirschgarten酒馆
5. 中国塔
6. 湖畔酒馆
7. Sankt-Emmerams-Mühle酒馆
8. Paulaner酒馆
9. Muffathalle啤酒花园
10. 宫廷啤酒馆

1 奥古斯丁酒馆（Augustiner-Keller）

这座巨大的啤酒花园开始于19世纪，并与以前的一座刑场毗邻。园内栗子树成荫，200张精心设计的酒桌增添了花园的神秘色彩。（上图）在美妙的夏季夜晚，啤酒花园内挤满了人。您绝对不能错过酒馆中木桶酿制的啤酒。· 地址：Arnulfstr. 52号 · 提供5000个座位（其中2000个座位为自助区）· 操场

2 Löwenbräukeller酒馆

这是一座典型的慕尼黑啤酒花园。靠近Löwenbräu酿酒厂的古建筑里举行一年一度的狂欢舞会，Triumphator每年酿造的第一桶啤酒在这里敲开。· 地址：Stiglmarierplatz · 提供1300个座位

3 Flaucher花园酒馆

该酒馆位于伊萨河畔一片成熟的树下，坐在酒馆内，您有一种置身公园的感觉。白天，这里是自行车爱好车，阳光浴者，排球爱好者和带小孩家长的天堂。夜晚，在烛光的点缀下，这里充满着浪漫的情调。· 地址：Isarauen 8号 · 提供2000个座位 · 巨型操场

4 Hirschgarten酒馆

这里是慕尼黑最大的啤酒花园，并与著名的宁芬堡相邻。花园以围栏中的鹿为特色，并以此命名。金黄色的Augustiner啤酒从巨大的“鹿桶”中流出。· 地址：Hirschgarte 1号 · 提供8000个座位 · 巨型操场

慕尼黑和其周边共有100座家啤酒花园，总共可容纳10万人

5 中国塔（Chinesischer Turm）

在英国公园的标志性建筑中国塔的二层，每逢周末都有乐队表演。这里的客人主要是学生、游客和当地的名人。·地址：英国公园（Englischer Garten）·提供7000个座位·操场和附近的古老酒会

9 Muffathalle啤酒花园

这里是伊萨河畔主要的建筑。作为慕尼黑最年轻的啤酒花园，园内撑起的运动伞代替了传统的栗子树。Muffathalle啤酒花园的菜肴种类繁多，并随时给您各种惊喜。·地址：Zellstr. 4号·提供300个座位

10 宫廷啤酒馆（Hofbräukeller）

穿过海得豪森区内的伊萨河，您来到了宫廷啤酒馆（下图），这里曾经是一所酿酒厂和啤酒酒窖的旧址。从1892年开始，便开始吸引四方顾客。茂密栗子林形成天然遮篷，即使下雨，也可在树下尽情享受美酒佳肴。·地址：Innere Wiener Str. 19号·提供1700个座位（全服务区400个座位）·操场

6 湖畔酒馆（Seehaus）

这里是观光和休闲的好去处。该颇受欢迎的酒馆位于英国公园中央的小湖畔。在建造新颖的露台上，您可以俯瞰湖面优美的景色，感受花园舒适的氛围。（上图）·地址：英国公园·提供2000个座位（露台上400个座位）·操场，湖畔有游船出租

7 Sankt-Emmerams-Mühle酒馆

兼有流行与田园特色的啤酒花园。·地址：St. Emmeram 41号·提供400个座位，加上自助区的450个座位·操场

8 Paulaner酒馆

位于诺克堡（Nockerberg）的酿酒厂啤酒花园相对较小，却以其美味的啤酒闻名。每年3月这里都将举行传统的Salvator啤酒敲桶仪式。当著名的政客光顾时，这里还举行好笑的一边倒比赛。人们尽情的开玩笑，并畅饮着新鲜的bock啤酒。（左图）·地址：Hochstr. 77号·提供4000个座位·啤酒花园中有古老的花园式庭院·操场

巴伐利亚州啤酒纯度法

慕尼黑是许多啤酒酿造厂的王国。当地人根据他们喜爱的啤酒选择经常光顾的酒馆和啤酒花园，而很少关心酒馆的位置或是食物。除了个人偏好以外，颁布于1516年的啤酒纯度法严格控制着当地啤酒的品质。根据该法律，啤酒只有完全由麦芽（发芽的谷物，通常为小麦、大麦和斯佩耳特小麦）、啤酒花、酵母和水发酵而成才是纯的。任何添加物都是不允许的。

您一定不能错过小萝卜（"Radi"）（白色和红色）、啤酒奶酪（"Obazda"）（法国Camembert村所产的软质乳酪调味）、串烧烤鱼和巨大的脆饼

玛林广场周边

巴伐利亚公爵“狮子”亨利（Henry the Lion）将玛林广场变成了慕尼黑的中心，目前，这里仍然是该城市的心脏。新市政厅大楼（Neues Rathaus）矗立广场，主要的公共交通线路在这里交汇，当地居民和游客或漫步于街头艺人当中，或坐下在广场附近的餐厅和咖啡馆的露天院子中小憩。步行区从广场的西侧开始；庄严的维恩大街（Weinstraße）和特阿蒂那大街（Theatinerstraße）纵贯南北；东面是依萨门（Isartor）和马克西米里安大街(Maximilianstrasse)；南部是维可托利安集市（Viktualienmarkt）。

新市政厅大楼的正面景观

玛林广场周边有许多的咖啡馆和餐厅

您想要欣赏优美的景色，可选择爬上新市政厅大楼上的尖塔、彼得教堂（Peterskirche）塔或南面的圣母大教堂（Frauenkirche）塔

· 乘车路线：地铁U3/U6号线玛林广场下，或任何轻轨（S-Bahn）
· 地图：L4
· 新市政厅大楼（玛林广场8号）的尖塔开放时间：星期一到星期五上午9点至晚上7点，星期六、星期天和其他公众假期上午10点至晚上7点（11月~4月星期一到星期四上午9点至下午4点，星期五上午9点至下午1点，星期六、星期天和其他公众假期上午10点至晚上7点）
· www.rathausmuenchen.de
· 圣母大教堂（圣母广场1号）尖塔（南面塔楼，西门），先爬几级阶梯才到电梯。
开放时间：4月~10月星期一到星期六上午10点至下午5点
· 彼得教堂塔尖开放时间：每天上午9点至下午6点（星期日和公众假期早上10点开放，夏季闭塔时间延长到晚上7点，视天气而定）
· 仪式期间，游客不能参观教堂

十大特色

1. 玛林广场
2. 新市政厅大楼
3. 老市政厅大楼
4. 步行区
5. 彼得教堂
6. 圣母大教堂
7. 阿桑教堂
8. 维可托利安集市
9. 功勋大厅
10. 特阿蒂那教堂

1 玛林广场

广场（中图）上的主要建筑是新市政厅大楼，同时还有1638年的圣母玛丽亚黄金雕像和19世纪的“鱼泉”（Fischbrunnen）。大斋首日，市长和议员们来到这里清洗钱袋，以祈求城市永远富足。

2 新市政厅大楼

新市政厅大楼是修建于1867年到1908年间的新哥特式建筑，顶部安放着慕尼黑的象征性标志“Münchner Kindl”。从5月到10月，上午11点、中午和下午5点，人们纷纷赶到玛林广场，欣赏钟琴（Glockenspiel）里跳舞的小雕像从大钟里伸出来表演。

3 老市政厅大楼（Altes Rathaus）

1474年修建的哥特式老市政厅大楼，现在是一座玩偶博物馆，并经过了多次翻修。但是，大厅底层、钟楼和曾经的城市大门仍保持原貌。

4 步行区

慕尼黑最热闹的步行商业区开始于广场的最西侧，一直延伸到卡尔广场（Karlsplatz）。后文艺复兴时期的米歇尔教堂（Michaelskirche）是您不可错过的景点之一。

5 彼得教堂

旧城区的最高点是13世纪修建的圣彼得教堂，这也是慕尼黑最古老的教区教堂。它的钟塔被当地人亲切的称为“老彼得”（Old Peter），在这里您能欣赏到最优美的风光。

6 圣母大教堂

以圆葱形圆顶为屋顶的圣母大教堂是慕尼黑最有名的象征。根据纪录（1468年～1488年），该教堂是德国南部最大的哥特式长方形基督教堂。这里的重点景观还包括艺术家埃拉斯穆斯·格拉塞尔（Erasmus Grasser）设计的唱诗班人物和巴伐利亚路德维希一世的皇陵。

玛林广场的平面示意图

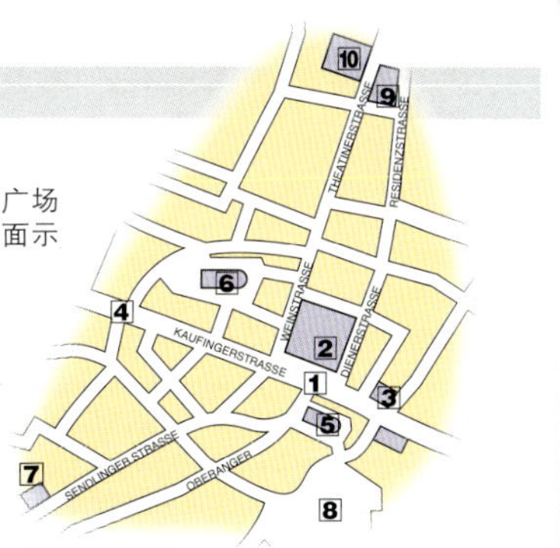

10 特阿蒂那教堂

慕尼黑具有意大利风格的建筑是从特阿蒂那教堂（1663年～1768年）开始。这座建筑综合了巴洛克式的巨大圆顶、流动的涡形图形和洛可可式建筑物正面。（上图）

7 阿桑教堂（Asamkirche）

由阿桑兄弟遗赠给这座城市的教堂（1733年～1746年）是巴洛克后期建筑的瑰宝。教堂外部是由天然石头铺成，内部是装修精美的人工洞穴。阿桑兄弟之一的Egid Quirin Asam供养着这座位于他家附近的教堂。（下图）

8 维可托利安集市

这个食品和工艺市场兴盛于1807年，这里有全球各地的特产。几乎每个摊位都散发出不同的香味。市场上140个摊位是您不可错过的旅游大餐之一。（上图）

9 功勋大厅（Feldherrnhalle）

建筑师腓特列·封·加特内（Friedrich von Gärtner）模仿佛罗伦萨的兰奇长廊，于1844年修建了功勋大厅，专门用于纪念巴伐利亚的战争英雄。它是老城区和施瓦宾地区的分界点。

慕尼黑小孩

作为慕尼黑象征性标志的“慕尼黑小孩”，放置在新市政厅大楼的尖塔顶上。身着黑色僧袍的小孩，左手拿着福音，右手摆出祝福姿势，记录着这座城市的僧侣传统。身披着城市的标志性颜色黑和黄，小孩被放于马背上，引领着所有官方的队列，包括慕尼黑十月啤酒节。您可以在明信片、啤酒瓶甚至是下水道井盖上看到此标志。小孩的性别始终是一个谜。现实中，这个角色总是由女性装扮的。

Schrannenhalle大厅曾位于维可托利安集市的最南面，现已经过了大规模的整修

新天鹅石城堡与路德维希二世

新天鹅石城堡曾是路德维希二世最雄心勃勃的工程，城堡外部以童话中欧洲中世纪骑士城堡为特色，内部按照瓦格纳歌剧中的场景设计。同时，路德维希二世还建造了两座法式风格的林德霍夫城堡（Linderhof）和海伦基姆湖城堡（Herrenchiemsee）。从城堡建成至今，已经有5000多万名游客参观了这座由一位厌世的国王修筑的童话世界。这里没有旅游淡季，特别是对新天鹅石城堡而言。从慕尼黑到天鹅区（Schwangau）的福森（Füssen）之旅将令您终身难忘。

新天鹅石城堡下山上的旧天鹅堡

位于城堡广场上的小餐馆提供点心和饮料；附近还有一些餐厅

这里有免费的导游服务，您手中的门票标明了详细的游览号和景点开放时间

· 福森天鹅区
· 地图Q4
· 天鹅区游客办公室电话：（0 83 62）81 980
· 新天鹅石城堡电话：（0 83 62）93 98 80
· www.neuschwanstein.de
· 旧天鹅堡售票中心电话：（0 83 62）93 08 30
· 开放时间：4月～9月每天上午9点至下午6点（售票处上午8点至下午5点）；
10月～3月每天上午10点至下午4点（售票处上午9点至下午3点）
· 1月1号、忏悔节、12月24号～25号及12月31号休息
· 门票价格：9欧元（优惠价8欧元），包括旧天鹅堡门票在内的通票价格17欧元（优惠价15欧元）
· 您可以提前打电话预定星期三为坐轮椅者设计的游览计划

十大特色

1. 建筑
2. 帝王大厅
3. 国王起居室
4. 小礼拜堂
5. 书房
6. 吟游诗人房间
7. 内室岩洞
8. 饭厅
9. 冬天花园
10. 旧天鹅堡

1 建筑

该建筑从1869年开始动工，1873年完成了门房的修建，城堡最终于1884年竣工。（中图）然而，由于国王不断改变计划，城堡的建设断断续续，直到1886年国王去世才停止。城堡的要塞和骑士浴室（Ritterbad）最终仍未建成。

2 帝王大厅（Throne Hall）

黄金、圣人画像和拜占庭（Byzantium）格调组成了最辉煌的帝王大厅。大厅部分模仿了慕尼黑众神教堂（All Saints Church）和伊斯坦布尔圣索菲亚大教堂（Hagia Sophia）的建筑风格。王座和圣坛一样起初位于教堂半圆形的后殿。（下图）

3 国王起居室

与一般起居室的浪漫格调相反，国王起居室设计为哥特式样，并以瓦格纳的歌剧作品“Tristan and Isold”作为题材人物所绘制的壁画作为主题装饰。

4 小礼拜堂

圣坛和壁画中讲述了路德维希九世的故事，这位君主是被美化了的法国国王，同时与巴伐利亚的童话国王同名。

5 书房

路德维希国王的书房中装满了关于瓦格纳歌剧“Tannhäuse”的照片。书桌上摆放着以罗恩格林（Lohengrin）造型的好看的钢笔画布景。

可以选择步行或乘汽车前往城堡，当然喜欢浪漫的您还可以坐马车

7 内室岩洞(Grotto)

从国王的起居室到书房，游客需经过一个岩洞，国王在世时洞内泉水常年流淌。（左图）巨大的维纳斯岩洞和洞内的人工湖泊都位于林德霍夫城堡的公园内。（见30页）

9 冬天花园

该花园紧挨着内室岩洞，通过宽阔的窗户，您可以欣赏到阿峨高（Allgäu）（上图）壮丽的风光。

10 旧天鹅堡

路德维希国王大部分的童年时光都是在这座极具浪漫格调的夏日行宫中度过。他的父亲马克西米连二世在1832年对这座宫殿进行了大规模的重建。旧天鹅堡两翼的外部墙面上都画有天鹅图案，后来人们习惯把它称为罗恩格林天鹅。新天鹅石城堡不断地使用了这个图案。

6 吟游诗人房间(Minstrel's Room)

该房间受到位于爱森纳赫（Eisenach）的中世纪城堡瓦尔特堡（Wartburg）礼堂的影响，是城堡内最大的房间。墙上装饰着以帕泽伐尔（Parzival）的传奇故事和寻找圣杯（Holy Grail）为主题的壁画。（下图）

8 饭厅

国王每天的饮食都是通过升降机从饭厅三层下的厨房运上，这位害羞的国王几乎天天都是一个人单独用餐。壁画上描写了游吟诗歌的传统。

老城堡中的新技术

尽管新天鹅石城堡充满了中世纪的韵味，但这里到处都能发现那个年代最新科学技术在建筑中的运用。饭厅装有送餐口并连接着一个三层的升降机。厨房中有流动温水和自动烤架。每个房间都装有中心供暖系统。厕所还配有自动冲水设备。城堡内还有连络用对讲电话装置用于国王联系仆人，同时，二、三层之间连有电话。

在Pöllat Gorge左面是两座小城堡的遗址。路德维希二世在这些废墟的旧址上建起了新天鹅石城堡。

林德霍夫城堡的内室岩洞

林德霍夫城堡公园

尚恒山区的摩瑞斯大厅

TOP 10 林德霍夫城堡和海伦基姆湖城堡

1 林德霍夫城堡 (Linderhof Castle)
历史上，这里曾是马克西米连二世的狩猎屋。后来，路德维希二世将城堡推倒，并于1872年在此处的公园内修建了林德霍夫城堡。按最初的计划，城堡将被建成第二座凡尔赛宫（Versailles），但实际建成的城堡规模更小，并采用了令人赏心悦目并充满遐想的新洛可可式建筑风格。

2 城堡公园（Castel Park）
官殿前的法式庭院从1870年开始建造，是由设计师卡尔·封·埃弗纳（Carl von Effner）设计。巴洛克式的庭院花坛和文艺复兴时期的露台，形成公园特有的气质。

3 阶梯瀑布和海神喷泉（Fountain of Neptune With Cascades）
城堡的北边，一条瀑布从30个阶梯上流过，并分别与底部的海神喷泉和顶部的木质音乐凉亭（Musikpavillon）相连。拱形长廊环抱瀑布两侧。

海伦基姆湖城堡

4 维纳斯岩洞 (Grotto of Venus)
这个人工岩洞是效仿瓦格纳歌剧“唐豪塞”（Tannhäuser）中的Hörselberg建造的。洞内钟乳石成群，国王喜欢乘镀金游艇在洞内湖面畅游。

5 摩瑞斯亭 (Moorish Kiosk)
这个伊斯兰风格的亭子原来是为参加1867年巴黎世界博览会而建的，后来被国王在1876年为林德霍夫城堡买下。

6 小礼拜堂（Chapel）
这是城堡中最古老的建筑，是1668年修建的圣安娜（St Anna）礼拜堂。

7 海伦基姆湖城堡 (Herrenchiemsee Castle)
1878年，路德维希二世最终决定在基姆湖（Chiemsee）的男岛（Herren Insel）上开始修建他心中的“新凡尔赛宫”。7年以后，由于工程资金不足，只有20间华丽的房间完成了装修，并流传至今。

8 国王路德维希二世博物馆 (King Ludwig Ⅱ Museum)
该博物馆位于新城堡的南翼，馆内12个房间纪录了国王“Kini”（巴伐利亚语中国王的小名）的一生。

9 明镜厅 (Hall of Mirrors)
90米（290英尺）长的明镜厅可以

更多关于林德霍夫城堡的信息，请登录：www.linderhof.de

与凡尔赛宫媲美。奢华的屋顶壁画描写了法国“太阳王”(Sun King)路易十六。

10 城堡花园 (Castle Gardens)

城堡西侧的花园是另一处让人想起凡尔赛宫的地方。园内的水吸引着游客在5月到10月前来观赏。如画般的城堡和美丽的基姆湖畔是您漫步的绝佳去处。马车还能把您从渡口直接送入城堡。

海伦基姆湖城堡的明镜厅

路德维希二世一生中的十大事件

1. 出生于1845年8月25日
2. 1864年继位
3. 1864年第一次与瓦格纳会面
4. 1866年被普鲁士人打败
5. 1867年与索非亚(Sophie)订婚和解除婚约
6. 1869年开始建造新天鹅石城堡
7. 1870年~1871年普法战争(Franco-Prussian War)
8. 1873年买下海伦基姆湖城堡小岛
9. 1886年6月9日宣布退位
10. 1886年6月13日死在史坦贝尔格湖畔

路德维希二世和他的城堡

路德维希二世和他的城堡

“Kini”要修筑城堡的狂热开始于1867年。起先，国王把重点放在慕尼黑，并开始重新设计私人皇宫中的几个房间。然而，这时他已经开始了修建童话城堡的计划。1868年，他开始正式修建林德霍夫城堡，这是唯一一座完工的城堡。1869年新天鹅石城堡开工后，国王把所有的精力都投注到了天鹅区。海伦基姆湖城堡工程开始于1878年，国王在那里曾经住过9天。同时，在慕尼黑也有一些工程，其中包括为瓦格纳歌剧表演修建的音乐厅。(其中小部分于1876年在拜罗伊特<Bayreuth>建造)。到1886年，路德维希二世国王已欠下一千四百万的债务。破产的同时，国王也失去了王位，不久便去世。

林德霍夫城堡公园中镀金雕像喷泉

更多关于海伦基姆湖城堡的信息，请登录：www. herren-chiemsee.de

TOP 10 史坦贝尔格湖风光

在慕尼黑湖区所有的湖泊中，人们最喜欢史坦贝尔格湖，因为它靠近市区。同时，它也是该地区最大的水体。湖面长21千米（13英里），宽5千米（3英里），水深达125米（415英尺），因此，这里是游泳、航行和冲浪的最好去处。许多皇宫贵族都曾在这里修建他们的夏日行宫。美丽的伊丽莎白皇后（茜茜公主）在珀森霍芬堡（Possenhofen）避暑时，她的堂弟路德维希二世也住在伯克城堡（Berg）中。领略湖泊风光的最佳途径是乘坐湖上的汽船。

湖上巴伐利亚汽船公司的游船

图茨（Tutzing）小镇上的Zum Häring（Midgardhaus）餐厅直接建在湖上，这里出售味美的自制干酪馅点心。（Midgardstr. 3～5号，电话：081 58 12 16）

“Weißblaue Flotte”汽船公司提供各种主题游船活动

· S6：史坦贝尔格堡（Starnberg），珀森霍芬（Possenhofen），菲达芬格（Feldafing），图茨（Tutzing）
· 地图S3
· www.starnberg.de
· 梦幻博物馆（Buchheim Museum）：Bernried，Am Hirschgarten 1号
电话：（081 58）99 700
www.buchheimmuseum.de
· 开放时间：4月～10月星期二到星期日上午10点至下午6点；11月～3月星期二到星期日上午10点至下午5点
· 门票价格：8.5欧元（优惠价3.5欧元），5岁以下儿童免费
· 巴伐利亚汽船公司的码头位于：Starnberg，Bernried（Museumslinie），Berg和Tutzing，并为您提供名胜、探险和美食之旅
· 电话：（08 151）80 61
· www.bayerischeseen-schifffahrt.de

十大特色

1. 史坦贝尔格堡
2. 珀森霍芬
3. 白蓝汽船公司
4. 玫瑰岛
5. 图茨宫
6. 梦幻博物馆
7. 赛茨豪特
8. 阿莫岚德宫
9. 伯克城堡
10. 路德维希二世纪念十字

1 史坦贝尔格堡（Starnberg）

这个19世纪时的小渔村现已发展成为深受欢迎的夏日旅游胜地。（中图）在过去的几十年里，慕尼黑的许多名人都曾在此度假，并在交通不便的湖边小岛上修建住所。在沿湖的小道上漫步仍然是愉快的经历。离市镇不远的地方还有一个不错的高尔夫球场。

2 珀森霍芬（Possenhofen）

珀森霍芬小镇以美丽的沙滩和许多古老的别墅著称。珀森霍芬城堡和四座高耸的城垛建于1536年，并在17世纪重建，这里曾是伊丽莎白女皇茜茜公主的住所。

3 白蓝汽船公司（“Weißblaue Dampferflotte”）

巴伐利亚汽船公司的船队为您提供主题游和短途旅游，同时还提供公共交通服务。

4 玫瑰岛（Roseninsel）

这里是一日游理想的目的地。您可以从菲达芬格（Feldafing）小镇乘船前往小岛，这里在史前时代就曾有人居住。1853年彼得·J·雷奈（Peter J Lenné）和弗兰茨·J·科伊特（Franz J Kreuter）在岛上建造了一个公园游乐场和庄严的玫瑰花园。（下图）

您可驾车、骑自行车或步行参观史坦贝尔格湖风光。环湖一周的距离为55千米（34英里）

5 图茨宫 (Schloss Tutzing)

马蹄形的宫殿被庭院环抱，新教学院（Protestant Academy）便位于这里。（右图）您可以轻松的从图茨（Tutzing）站步行到伊尔卡约（Ilkahöhe）（见70页）和与此同名的餐厅。天气晴朗时，您还可以欣赏到阿尔卑斯山（Apls）的壮丽风景。

6 梦幻博物馆 (Buchheim Museum)

梦幻博物馆坐落于本里得（Bernried）小镇北部的一座公园内，馆内收藏着大量的表现主义艺术品、民间艺术展品和民俗展品，这里展出有3000多件书镇、非洲面具和其他珍品。

7 赛茨豪特（Seeshaupt）

位于史坦贝尔格湖南部最顶端的赛茨豪特小镇，一直保存着乡村特色，这里有停满帆船的小港和温馨的湖边小道。从这里，您还可以很快到达奥斯特塞恩（Osterseen）自然保护区。

8 阿莫岚德宫（Schloss Ammerland）

国王路德维希一世把这座城堡（下图）遗赠给了音乐家、作家和插图画家弗兰茨·封·珀奇（Franz von Pocci）。该城堡建于1683年到1685年间，并位于湖泊东岸。

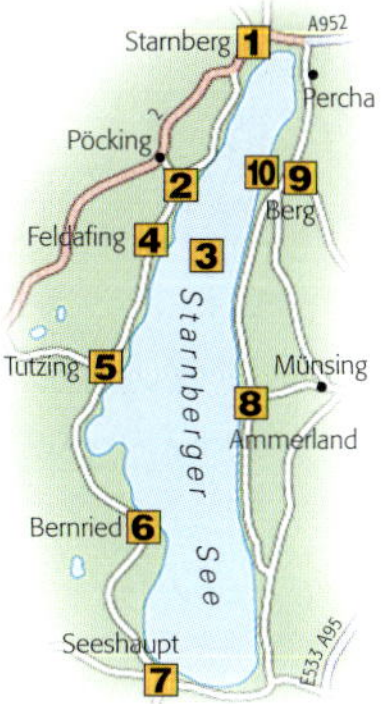

史坦贝尔格湖平面图示

9 伯克城堡 (Schloss Berg)

德国作家奥斯卡·玛丽亚·格拉夫（Oskar Maria Graf）就出生在伯克，这里曾经是维特尔斯巴赫家族和路德维希二世的夏日行宫。

10 路德维希二世纪念十字

湖边的十字碑标出了国王路德维希二世溺死湖中的位置。“Kini”迷们每年都会在国王的忌日来这里祭拜。

路德维希二世的神秘之死

到底国王是死于谋杀、自杀还是由于冰冷的湖水导致心脏病突发而死，已成为了一个永远也解不开的谜。1886年6月13日傍晚，国王和他的医生顾登外出散步。不久，两人都被发现溺死在湖中，并且顾登的脸上有抓破的伤痕。有关阴谋活动的说法从此便此起彼伏，这正好印证了路德维希二世生前所说：“我希望成为自己和别人心中永远的谜。”

天气好的时候，您可以在Starberg-Landstetten乘坐热气球。更多信息，请联系：（0 81 57）91 04

奥托一世

“巴伐利亚”路德维希

希特勒（Hitler）在慕尼黑协议上签字

TOP10 十大历史事件

1 1158年城市建立

巴伐利亚公爵，“狮子”威尔夫·亨利（Welf Henry the Lion），在1157年~1158年间将旧的盐桥（salt bridge）拆除，并在伊萨河上竖起了一座新的大桥，从而缩短了通往南部的距离。从此，慕尼黑从一座小镇发展成为皇室居住的中心城市。1158年6月14日，霍恩斯多芬朝的皇帝斐烈德希·巴巴霍萨（Hohenstaufen Emperor Frederich Barbarossa）允许在这里开集市，造钱币。此后，人们也将这天定为城市慕尼黑的生日。

2 1240年～1918年：维特尔斯巴赫王朝（The Wittelsbach Dynasty）

从1240年开始，维特尔斯巴赫王朝加速了这座城市的发展。维特尔斯巴赫家族成员也从最初的小公爵晋升为侯王，并最终登上了国王的宝座。路德维希一世在位期间完成了慕尼黑大部分古公共建筑的建设；路德维希二世倾其一生修建了童话城堡；维特尔斯巴赫王朝的最后一位君主路德维希三世，在第一次世界大战以后，逃离巴伐利亚。

3 1328年：“巴伐利亚”路德维希——德意志帝国皇帝

1314年，路德维希九世巴伐利亚公爵开始统治德意志；1328年，他被加冕为神圣罗马帝国的君主。

4 1442年：犹太人被逐出慕尼黑

在13世纪到14世纪针对犹太人的大屠杀之后，1442年，阿尔布雷特三世公爵（Albrecht Ⅲ）命令把所有的犹太人赶出上巴伐利亚地区（Upper Bavaria）。从此，犹太文化直到18世纪才又回到慕尼黑。

5 1806年：巴伐利亚王国的首府

由于拿破仑一世时期欧洲版图被重新划分，巴伐利亚王侯领地（the Electorate of Bavaria）也被划为独立的王国。因此，慕尼黑成为了新王国的首府，领土面积也稍有扩大，皇室也开始在慕尼黑大兴宫殿。巴伐利亚地区当时的边界大致与今天相同。

6 1848年，“三月革命”（March Revolution）——路德维希一世退位

1849年3月，革命的火焰燃烧到了慕尼黑。军械库（Zeughaus）（目前的市政博物馆〈Stadtmuseum〉）激战促使革命达到高潮。人们对朝廷和资产阶级失去信任，部分是由于人们发现国王与声名狼籍的舞女洛拉·蒙特茨（Lola Montez）有染，最终，路德维希一世被逼退位。

维特尔斯巴赫皇室家谱

→ 神圣罗马帝国的皇冠在1328年到1350年期间被保存在慕尼黑

7 1918年～1919年："十一月革命"(November Revolution)和巴伐利亚苏维埃共和国(Räterepublik)

1918年11月8日夜晚，社会主义者库尔特·埃斯勒(Kurt Eisner)在玛特怀瑟布罗伊(Mathäserbräu)(今天是竖着埃斯勒纪念柱的电影院)里宣布巴伐利亚独立("Free State of Bavaria")。埃斯勒成为临时主席，并在1919年2月21日被君主专制主义极端分子暗杀，此后，巴伐利亚苏维埃共和国(Soviet republics)在慕尼黑成立，并且影响到巴伐利亚的其他城市。然而，这些苏维埃政权很快就遭到了政府军的镇压。

8 1935年～1945年："运动中心"("Capital of the Movement")

希特勒的纳粹党(NSDAP)是从一个小团体发展而来，并开始于慕尼黑。1923年，希特勒在此实施了他反对魏玛共和国(Weimar Republic)的第一次政变(Hitler-putsch)。为了纪念这座城市的特殊意义，纳粹掌权以后，在1935年把慕尼黑光荣的称作"运动中心"。

9 1962年：施瓦宾格暴动(Schwabinger Riots)

1962年夏，无辜的街头艺人成为了暴动的导火索，慕尼黑警察和年轻人之间的暴力冲突持续多天。该事件引发政府和警察局重新思考在警察干涉上的强硬路线政策。

10 1972年：奥林匹克运动会

慕尼黑及周边城市举办了1972年第20届夏季奥林匹克运动会。9月5日针对以色列代表团的恐怖袭击造成了9名运动员身亡，成为此次运动会的悲剧。(见19页)

十大城市名人

1 阿桑兄弟(Asam Brothers)
阿桑兄弟Cosmas Damien(1687年～1739年)和Egid Quirin(1692年～1750年)Asam是巴伐利亚洛可可的倡议者。

2 马克西米连·约瑟夫·封·蒙特格拉斯(Maximilian Joseph von Montgelas)
蒙特格拉斯(1759年～1838年)被认为是现代巴伐利亚州的建立者。

3 路德维希一世
路德维希一世国王(1786年～1868年)修建了无数庄严的建筑物。1826年，他将大学从Landshut搬到了慕尼黑。

4 洛拉·蒙特茨(Lola Montez)
据传言，路德维希一世的情人洛拉·蒙特茨(1818年～1861年)曾对统治产生巨大的影响。

5 路德维希二世
"Kini"路德维希二世(1845年～1886年)在历史上被称为"童话国王"。

6 弗兰茨·封·冷巴赫(Franz von Lenbach)
这位"绘画王子"("Painter Prince")(1836年～1904年)曾对慕尼黑艺术产生巨大的影响。

7 弗兰茨·封·史达客(Franz von Stuck)
史达客(1863年～1928年)慕尼黑分离派博物馆(Munich Secession)的创始人之一。他建造的新艺术运动别墅现在是一座博物馆。

8 托马斯·曼(Thomas Mann)
这位诺贝尔文学桂冠作家(1875年～1955年)，在1933年离开家乡之后就再也没有回去过。

9 卡尔·瓦伦提(Karl Valentin)
瓦伦提(1882年～1948年)是著名的讽刺作家、电影演员和喜剧演员，同时也是慕尼黑的名流。他与伙伴利索卡尔·史达特(Liesl Karlstadt)合作表演多年。

10 肖尔兄妹(Scholl Siblings)
汉斯(Hans)(1918年～1943年)和索非亚(Sophie)(1921年～1943年)曾是"白玫瑰"反抗组织的积极参与者。他们在1943年被捕并被处以极刑。

冷巴赫艺术馆内部和外部景观

德国国家博物馆农舍房间

TOP 10 十大博物馆和画廊

1 博物馆区——艺术陈列馆 (Pinakotheken)

古绘画陈列馆，新绘画陈列馆和现代艺术陈列馆收藏着城市最主要的绘画艺术品。（见14～17页）

2 德意志博物馆

世界上最大的科学和技术博物馆。（见8～11页）

3 德国国家博物馆 (Bayrisches National-museum)

这里是欧洲最大的博物馆之一，馆内收藏有艺术品、手工艺品和民间艺术品。丰富的展品中包括：哥特式雕像、珍贵的墙帷、手表和圣诞马槽。Prinzregentenstr. 3号 · 地图N3 · 开放时间：星期二至星期日10:00～17:00（星期四开放到20:00）· 门票 · 设有残疾人绿色通道 · www. bayerisches-nationalmuseum.de

4 慕尼黑市政博物馆 (Münchner Stadtmuseum)

馆内收藏品记录了城市的历史和文化，这里还有专区展览木偶、乐器、照片和电影。（见54页） St-Jakobs-Platz 1号 · 地图L5 · 星期二至星期日10:00~18:00 · 忏悔节和其它公众假期休息 · 门票（星期日和公众假期免费）· 设有残疾人绿色通道

市政博物馆中的莫里斯舞者

5 希腊博物馆（Glyptothek）和州立文物博物馆（Staatliche Antikensammlungen）

精美的希腊和罗马雕像和浅浮雕收藏品中包括有2500年历史的古老画像，这些画像最近刚按原色彩翻新。文物博物馆内展出有古代珍宝、青铜器和希腊的制陶艺术品。国王广场（Königsplatz）1号和3号 · 地图K2和J3 · 希腊博物馆：星期二至星期日10:00~17:00（星期四开放到20:00）· 忏悔节和其它公众假期休息 · 门票 · 设有残疾人绿色通道 · 文物博物馆星期二至星期日10:00~17:00（星期三开放到20:00）· 门票

6 冷巴赫艺术馆中的城市画廊 (Städtische Galerieim im Lenbachhaus)

冷巴赫艺术馆曾是绘画王子弗兰茨·封·冷巴赫的私人别墅。这里由于收藏着德国著名的画家流派“蓝骑士”（Blue Rider）的作品而世界闻名。博物馆的北区是艺术品收藏区，保存完整的生活一角，让您对建立时期（Grüderzeit）的家庭文化有更深刻的了解。1994年艺术馆还新开辟了一处底下展区。Luisenstr. 33号 · 地图J2 · 星期二至星期日10:00～18:00 · 门票 · www.lenbachhaus.de

国王广场希腊博物馆的新古典式建筑正面

➔ 100路公交车在史达客别墅博物馆、国家博物馆、沙科画廊和艺术殿堂都设有站点

新绘画陈列馆中文森特·梵高的向日葵

7 沙科画廊 （Schack-Galerie）
这里专门收藏19世纪浪漫主义时期的绘画作品。作品来自勃克林、史匹茨维克、史维恩德和其他艺术家。Prinzregentenstr. 9号·地图N3-P3·星期三至星期一10:00～17:00·门票

8 史达客别墅博物馆（Museum Villa Stuck）
分离论者弗兰茨·封·史达客（1863年～1928年）私人别墅保持着原始的新艺术运动的建筑风格，并且收藏有关新艺术运动的展品。Prinzregentenstr. 60号·地图P4·星期三至星期日11:00~18:00·门票·www.villastuck.de

9 艺术殿堂 （Haus der Kunst）
阿道夫·希特勒（Adolf Hitler）当时奢华的不朽建筑（1932年~1937年），现成为国际艺术品展出场所。Prinzregentenstr. 1号·地图M3-N3·每天10:00~20:00（星期四开放到22:00）·门票·www.hausderkunst.de

10 国立民俗博物馆（Staatliches Museum für Völkerkunde）
这里有来自世界各地的民俗展品，如：北美洲最古老的爱斯基摩人用的皮船和服丧庙（Shiva temple）。Maximilianstr. 42号·地图M4·星期二至星期日9:30～17:15·公共假期休息·门票·www.voelkerkundemuseum-muenchen.de

其他的博物馆和画廊

1 国家考古博物馆（Archäologische Staatssammlung）
史前、罗马和中世纪的展品。Lerchenfeldstr. 2号·地图N3

2 国立埃及艺术品博物馆（Staatliches Museum Ägyptischer Kunst）
这里的艺术品来自埃及，金字塔的国度（见21页）。Residenz，Hofgartenstr. 1号·地图L3

3 德国剧场博物馆（Deutsches Theatermuseum）
德国戏剧历史。大型专业图书馆。Galeriestr. 4a&6号·地图M3

4 恐龙博物馆（Paläontologisches Museum）
巴伐利亚始祖鸟（Archaeopteryx bavarica），一种史前鸟类，是该博物馆的重点。Richard-Wagner-Str. 10号·地图J2

5 华伦廷博物馆（Valentin-Musäum）
卡尔·华伦廷（Karl Valentin）有关的古董；不错的咖啡厅。Isartor tower，Im Tal 50号·地图M5

6 啤酒和十月啤酒节博物馆（Bier-und-Oktoberfestmuseum）
这里您可以找到所有关于啤酒和"啤酒之都"慕尼黑的资料。Sternerckerstr. 2号（依萨门附近）·地图M5

7 阿尔卑斯山博物馆（Alpines Museum）
为山脉建造的博物馆。Praterinsel 5号·地图N5

8 德国狩猎和渔业博物馆（Deutsches Jagd-und-Fischereimuseum）
这里以野生动物的大型模型为特色。Neuhauser Str. 2号·地图K4

9 Hypo文化艺术大厅（Kunsthalle der Hypo-Kulturstiftung）
杰出的当代艺术品展。Theatinerstr. 8号·地图L4

10 罗塞林格13号大街画廊（Lothringer 13）
大众媒体艺术展。Lothringer Str. 13号·地图G6

许多博物馆都有商店和咖啡厅。在希腊博物馆的斯芬克斯雕像下，您仍然可尽情的享受咖啡

英国公园内的人造溪流

西部公园内的泰式宝塔

植物园

TOP 10 十大花园和公园

1 宁芬堡 (Schloss Nymphenburg)

在墙的包围下，这座2千米（1英里）宽的公园延伸自宫殿的1.5千米（1英里）处。独特的凉亭和奢华而新颖的建筑分散在公园内，这里也是一棵300岁古树的天然保护区。（见12～13页）

2 英国公园 (Englischer Garten)

占地面积373公顷（922英亩）的英国花园是德国最大的城市花园，也是慕尼黑的绿色之肺。这里也是人们夏季休闲的天堂。成百上千的游人悠闲地躺卧在宽阔的草地上，尽情地享受着阳光；骑自行车者、跑步者和滑滚轴者沿着公园的小道飞驰而过；小黑泽罗尔湖（Kleinhesseloher See）的湖面上泛着小舟；冲浪爱好者在艺术殿堂旁的人造溪流（Eisbach）上一显身手。您也可以选择在中国塔、湖畔酒馆、赫绍尔（Hirschau）和阿墨斯特（Aumeister）任意的一座啤酒花园内，来上一杯冰凉的啤酒。身兼仑福特伯爵、物理学家和巴伐利亚陆军中将的美国人本杰明·托普森（Benjamin Thompson）构想出这样一座公园，并由路德维希·封·斯开尔（Ludwig von Sckell）将其设计成为古典园林建筑的典范。1837年，人们在人造小山上建起了一座仿希腊神庙的圆柱凉亭（Monopteros）。·地图G4-H1

英国公园的圆柱凉亭

3 植物园 (Botanischer Garten)

这里是世界最重要的植物园之一。1914年建于宁芬堡的公园内，植物园种植了1.4万千多种全球不同地区的生物。在温室里，游客不仅可以穿梭于茂密的热带雨林中，还可以在干旱的沙漠探险。·地图A2·开放时间：4月～9月上午9点至下午6点；3月～8月上午9点至下午5点；2月、3月和10月上午9点至下午5点；11月～1月上午9点至下午4点30分·门票

4 皇家公园 (Westpark)

72公顷（178英亩）精心设计的园林内建有无数的人造假山、小径、湖泊和池塘。这座公园是为1983年的国际园艺博览会建造，公园的西边以独特的东亚建筑为特色，这里有中国和日本的园林，还有泰国和尼泊尔的宝塔。夏季，人们可以将音乐会、表演和露天电影的银幕搬到湖边的舞台上。·地图B6-C6

5 皇家花园 (Hofgarten)

建于17世纪的宫殿花园位于拜仁皇族宫殿的北侧，是文艺复兴时期风格的花园。花园两侧与拱形长廊相连。夏季，一排排茂盛的

冬季，英国公园里的小黑泽罗尔湖上可以滑冰和打冰球

菩提树、栗子树和枫树的树荫，是玩金属地掷球（boule）的人们最喜爱的地方。温和的夏季夜晚，探戈舞迷们喜欢到戴安娜神庙（Temple of Diana）前一带矮圆屋顶的多角凉亭，跳一曲探戈。（见21页）

1684年建造出带运河的基本布局。多梅尼克·吉哈德（Domenique Girard）从1715年开始在园内增设花坛和瀑布，这些设计使主轴在视觉上显得比实际的要长。新王宫前的瀑布在1999年被整修。· Oberscleißheim，Neues Schloss

6 老植物园（Alter Botanischer Garten）

19世纪时，以前的植物园就位于这座小花园内。今天，这里已成为人们在步行区和市中心疯狂购物后放松一下的最佳选择。· 地图J3

宫廷花园中戴安娜神庙

10 伊萨河畔的草坪和玫瑰花园（Rive Meadows along the Isar <Isarauen>and Rose Garden）

流淌的伊萨河是城市的另一个绿色之肺。维特尔斯巴赫大桥（Wittelsbacher Bridge）的南端是玫瑰花园。除了不同种类的玫瑰外，花园还种植着大量珍奇的树木和灌木，同时，在一个教学花园中还长着有毒的植物。· 地图E6 · 开放时间：夏季每天上午8点至晚上8点；冬季每天上午9点至下午4点

7 巴伐利亚公园（Bavariapark）

此公园直接位于巴伐利亚女神（Bavaria）雕像和伟人英明厅（Ruhmeshalle）的后面，并一直向西延伸到特雷西霍赫地区（Theresienhöhe）。公园由路德维希一世命人设计，其目前的名字是根据巴伐利亚女神雕像而来，并最终于1850年建成。这里是在慕尼黑十月啤酒节的热闹和喧嚣之后，最理想的休闲胜地。· 地图D5

8 鹿特珀德公园（Luitpoldpark）

公园是为了纪念摄政王鹿特珀德（Prince Regent Luitpold）90大寿而造，1950年扩建，新建的碎石垒成的鹿特珀德小山（Luitpoldhügel）上可以欣赏城市的美丽风光。天气晴朗的时候，您还能看到雄伟的阿尔卑斯山。· 地图F1

9 施莱斯海姆皇宫花园（Hofgarten Schleißheim）

花园位于施莱斯海姆皇宫内的新王宫（Neues Schloss）和路斯特海姆皇宫（Schloss Lustheim）之间，是世界上唯一几座仍然保持巴洛克时期建筑风格原貌的花园之一。恩里科·促卡利（Enrico Zuccalli）（1642年～1724年）在

老植物园中海神喷泉

老北部公墓（Alte Nördliche Friedhof）和老南部公墓（Alte Südliche Friedhof）也同样绿树成荫。

圣母大教堂中皇帝的坟墓　　哈默斯道夫教堂里的圣母玛丽亚　　圣母大教堂

TOP 10 十大教堂

1 圣母大教堂（Frauenkirche）
这座慕尼黑15世纪的大教堂和雄伟的双塔占据了城市主要的轮廓。（见27页）

2 阿桑教堂（Asamkiche）
这座教堂是阿桑兄弟，为纪念St Johnna-Nepomuk而建造。教堂为后巴洛克式设计，屋顶壁画以圣人为主题。（见27页）

3 彼得教堂（老彼得教堂）（Cpeter-skiche）
尽管这里是慕尼黑最古老的教区教堂（13世纪），内部却融合了哥特（Schrenk设计的圣坛）、巴洛克（洗礼盘）和洛可可（侧圣坛）三种建筑风格。您还可以攀登302级阶梯到达文艺复兴尖塔的最高处。（见26页）

阿桑教堂中的丘比特雕像

4 路德维希教堂（Lud-wigskirche）
这座教堂是由腓特列·封·加特内（Friedrich von Gärtner）建造，两侧是塔楼，是意大利罗马风格的建筑（1829年～1843年）。皮特·封·柯尔奈留斯（Peter von Cornelius）创作的伟大的壁画《最后审判日》（Judgment Day）是世界上第二大的壁画。Ludwigstr. 20号·地图M2·开放时间：每天上午7点30分至晚上8点

罗马拜占庭式的路德维希教堂

5 米歇尔教堂（Michaelskirche）
这是一座不同寻常的教堂。它是位于阿尔卑斯山北部最大的文艺复兴时期教堂；教堂从1583年开始建造，并拥有继罗马圣彼得教堂之后世界第二大的桶形穹窿，也是为耶稣会教派（Jesuits）修建。在地穴中安放有王侯马克西米连一世和路德维希二世的石棺。这里最著名的要数以圣米歇尔斗怪龙为主题的青铜雕像（1585年）。Neahauser Str. 6号·地图K4·每天上午7点至晚上9点

6 特阿蒂那教堂（Theatinerkirche）
这座教堂又叫圣卡捷坦教堂（St Cajetan），开始建造于1663年，是为纪念斐迪南王侯继承人的诞生而修建。它也是慕尼黑最具意大利特色的教堂。（见27页）

7 圣安娜修道院（Klosterkirche St Anna）
修道院位于雷尔区（Lehel），是慕尼黑最早的洛可可式教堂。它是由乔恩·米歇尔·费舍尔（Johann Michael Fischer）在1727年到1733年间建造，内部设计由阿桑兄弟完成。旁边的新罗马圣安娜教区教堂从1887年开始修建。St-Anna-Platz 21或5号·地图K4 & N4·每天早上6点至晚上7点或上午8点至晚上6点

➔ 游客只能在教堂内没有礼拜活动时才能参观

阿桑教堂中高大的圣坛

8 圣灵教堂（Heiliggeistkirche）

13世纪初，这里原先是一所医院教堂，后在1392年，人们将其改建为哥特式长方形基督教堂。1724年，人们又将现有的建筑修改为巴洛克风格。教堂内部兼有哥特和巴洛克后期的特色。灰泥工作由阿桑兄弟完成。Im Tal 77号 · 地图L5 · 每天上午7点至12点和下午3点至晚上6点

9 圣安娜妇女慈善教堂（Damenstift St Anna）

这座教堂原先是姐妹会（Sisters）和慈善会（Salesian Order）的修道院。今天，这里是一所学校。教堂由阿桑兄弟在18世纪设计，内外都呈现出巴洛克后期风格。Damenstiftstr. 1号 · 地图K4 · 每天上午8点至晚上8点

10 犹太教会堂和犹太人中心（Synagogue and Jewish Centre）

在桑科特-雅客布斯广场（Sankt-Jakobs-Platz）上，一座综合性的建筑正在建设当中，建成后这里设有：新犹太人中心、犹太教会堂、犹太人博物馆和社区中心。工程将于2007年完成。St-Jakobs-Platz · 地图K5 · www.juedisches-museum.muenchen.de

其他十大教堂

1 三位一体教堂 (Dreifaltigkeitskirche)
巴洛克后期教堂（1711年～1716年）阿桑屋顶壁画。 · Pacellistr. 6号 · 地图K4

2 萨尔瓦托教堂 (Salvatorkirche)
比邻圣母大教堂（1494年）的墓地教堂。希腊正教。 · Salvatorplatz 17号 · 地图L3

3 圣保罗教堂 (St Paul's)
双塔围栏和哥特原形塔顶的长方形基督教堂（1892年～1906年）。 · St-Pauls-Plazt 11号 · 地图E5

4 圣波利伐斯 (St Bonifaz)
本笃会的（Benedictine）教堂和修道院（1835年~1850年）。路德维希一世时期设立，国王去世后安葬在教堂的地穴中。 · Karlstr. 34号 · 地图K3

5 圣伊丽莎白 (St Elisabeth)
洛可可教堂（c. 1760年）。内部由Lgnaz Günther设计。 · Mathildenstr.10号 · 地图J5

6 受难十字教堂 (Allerheiligen am Kreuz)
建于1478年的墓地教堂，后改建。巴洛克部分。 · Kreuzstr. 10号 · 地图K5

7 圣卢卡斯教堂 (St Lukas)
Paterinsel对面古老的新教教堂。教堂音乐会。 · Mariannenplatz 3号 · 地图N5

8 圣乔治教堂 (St Georg)
洛可可乡村教堂。许多艺术家都被埋葬在这里的墓地。 · Bogenhauser Kirchplatz 1号

9 St Michael in Berg am Laim
巴伐利亚洛可可风格的前宫廷教堂。 · Clemens-August-Str. 9a

10 哈默斯道夫圣母玛丽亚教堂 (St Maria in Ramersdorf)
后哥特式建筑，巴洛克内部装修。朝圣教堂。 · Aribonenstr. 9号

安葬于圣乔治教堂墓地中的艺术家：Liesl Karstadt，Erich Kästner，Oskar Maria Graf，Rainer Werner Fassbinder和其他

慕尼黑议会剧场内部和外部

老皇宫剧院

TOP 10 十大剧院、音乐厅和电影院

1 国家剧院 (Bayerische Staatsoper)

建于1811年的新古典式国家剧院，在经历一场大火后重建（1823年~1825年）。这里是最重要的音乐舞台之一，路德维希二世在此观看了瓦格纳多场歌剧的首演。剧院在第二次世界大战期间关闭，并于1963年重新开放。在金碧辉煌的5层剧院楼厅上，您可以尽情地欣赏剧院经典的保留剧目。· Max-Joseph-Platz 2号 · 地图L4 · 电话：（089）21 85 19/20 · www.staatsoper.de

2 巴伐利亚国家歌剧院（Bayerische Staatsschauspiel)

1951年建成的新皇家剧场（the Neues Residenz theaer），位于歌剧院（Opera House）的旁边。剧院虽然外部装修朴素，内部却在1988年到1991年间的改建工程后，显得大方奢华。导演迪特·多恩（Dieter Dorn）指导的多场戏剧曾在这里上演。艺术殿堂中的剧院也是巴伐利亚国家歌剧院的一部分。· Max-Joseph-Platz 1号 · 地图L4 · 电话：（089）21 85 19 40 · www. bayerischesstaatsschauspiel.de

国家剧院

3 老皇宫剧院 (Cuvilliés-Theatre)

在这座完美的洛可可式剧院前，时间也仿佛停住了脚步。二战期间，为了保证室内装饰和舞台装饰的安全，它们被打包装进箱内，直到1958年，剧院重新开放，宝物才有重现于世。今天，这里也是国家剧院表演剧目的舞台。剧院正在翻修，估计2008年重新向游人开放。（见20页）

4 慕尼黑议会剧场 (Münchner Kammerspiele)

剧场是理查德·雷迈斯克米德（Richard Riemerschmid）在1901年修建。经改建后，1926年这里成为慕尼黑议会剧场。剧场内部有交叉的装饰物和花芽形状成对的照明器材，突出了新艺术运动为特点。20世纪20年代，议会剧场被公认为是柏林外最重要的舞台，剧作家布莱希特（Bertolt Brecht）和其他作家作品的上演曾在这里引起轰动。即使在今天，您也可以欣赏到创新性的节目。· Maximilianstr. 28号 · 地图M4 · 电话：（089）23 39 66 00 · www. muenchner-kammerspiele.de

5 花匠广场上的国家剧场 (Staatstheater am Gärtnerplatz)

舞台歌剧、小歌剧和音乐喜剧的爱好者，在这里定会有宾至如归的感觉。剧场建于1865年，相对皇家剧场，它是为中产阶级而建的，今天这里仍然是颇受大众喜爱的场所。· 花匠广场（Gärtnerplatz）．3号 · 地图L6 · 电话：（089）21 85 19 60 · www.staatstheateramgaertnerplatz.de

您可以在网上定购国家剧院的演出门票，请登录：www.staatstheater-tickets.bayern.de

6 加斯泰格文化中心 (Gasteig)

中心外部为笨重的砖结构，每年将有超过1700场活动在这里举行，活动从慕尼黑爱乐乐团（Munich Phiharmonic）的音乐会到电影节。音乐大厅（Phiharmonie）可容纳2500人，音响效果绝佳。除大厅外，中心还设有其他小型的礼堂。· Rosenheimer Str. 5号 · 地图N6 · 电话：（089）48 09 80 · www.gasteig.de

7 赫库利斯大厅 (Herkulessaal)

宽敞的大厅建在拜仁皇族宫殿内，可以容纳2000多人，是欣赏古典音乐会最好的地方。巴伐利亚广播交响乐团（Bayerischen Runfunk Symphony Orchestra）、慕尼黑交响乐团（Münchner Symphoniker）和慕尼黑室内交响乐团（Münchner Kammerorchester），在这里的演出颇受欢迎，每场爆满。· Residenzstr. 1号（皇家花园入口）· 地图L3-M3 · 电话：（089）29 06 71

8 王子剧院 (Prinzregententheater)

这座剧场是1901年为庆祝瓦格纳音乐节而修建，剧场空间设计成圆形，是巴伐利亚奥古斯特·埃佛丁戏剧学院（Bayerische Theaterakademie August Everding）主要的表演场所。· Pinzregentenplatz 12号 · 地图H4 · 电话：（089）21 85 28 99 · www.prinzregententheater.de

加斯泰格文化中心

9 慕尼黑民族剧院 (Münchner Volkstheater)

您能感受到该剧院强烈的民族气息，同时这里也不乏各种娱乐表演和流行的演出。· Brinner Str. 50号 · 地图J2 · 电话：（089）523 46 55 · www.mueacheater.de

10 德意志剧院 (Deutsches Theater)

这座大型剧院是国际巨星和音乐家在慕尼黑的主要演出场所。在狂欢节（Fasching）时，这里变成了漂亮的舞厅。· Schwanthalerstr. 13号 · 地图J4 · 电话：（089）55 23 44 44 · www.deutsches-theater.de

大部分剧场都在暑期（7月底）开始的时候停业，并通常在9月底重新开放

帕森工厂剧场

红色城堡剧场

TOP 10 十大小剧场和歌舞酒店

1 帕森工厂剧场 (Pasinger Fabrik)

“嘈杂声中平凡的生活舞台”是这个选择性文化中心最大舞台的名称，它位于帕森（Pasing）地铁站的旁边。中心还设有青少年剧场、音乐厅和餐厅。MünchenPasing, August-Exter-Str.1号 · 电话：(089) 82 92 90 79 · www. pasinger-fabrik.com

2 马克西米连二世小喜剧院 (Kleine Komödie am Max II)

喜剧是这里舞台的主要特色，另外还有巴伐利亚的特色表演和明星的演出。这里是您度过一个愉快夜晚的最好选择。Maximilianstr. 47号 · 地图 N4 · 电话：(089) 22 67 65 · 地图N4 · 电话：(089) 22 67 65 · www.kleinekmoediemuenchen.de

3 44号剧场 (Theater 44)

这里是位于慕尼黑施瓦宾地区（Schwabing）的最古老的私人剧场。观众可以近距离观看演员，感受特殊的表演。Hohenzollernstr. 20号 · 地图F2 · 电话：(089) 3 22 87 48 · www. theater44.de

4 汤姆斯剧场 (TamS-Theater)

该剧场位于施瓦宾地区中心后面的院子里，是由飞利浦·阿尔普(Philip Arp)在1970年建立。这里有著名的瓦伦汀纳登夜晚（Valentinaden evenings），该活动继承了这位伟大喜剧演员的传统和他逗趣和大众化的幽默。汤姆斯剧场不断推出不寻常和荒诞的作品。Haimhauserstr. 13a号 · 地图G2 · 电话：(089) 33 15 86 · www.tamsmuenchen.de

5 汀姆剧场 (Team Theater)

Teamtheater Tankstelle是这里最大的舞台，其次便是Teamtheater Comedy。您可以在品尝美食的同时观看精彩的表演。Am Einlass 2a或4号 · 地图L5 · 电话：(089) 260 43 33&.260 66 36 · www.teamtheater.de

6 肖伯克剧场 (Schauburg)

这里是为青年建造剧场中最著名的舞台之一，同样也吸引着许多成人观众。剧场是从一家电影院改建而成，戏剧形式的创新性作品是这里的特色。Elisabethplatz · 地图F3 · 电话：(089) 23 33 71 71 · www.schauburg.net

肖伯克剧场外部

München Ticket出售大部分戏剧演出和音乐表演的门票。详情请登录：www.muenchenticket.de

44号剧场

7 红色城堡剧场 (Blutenburgtheater)
德国第一个神秘剧舞台。神秘剧是这座剧场最有趣和吸引人的节目。Blutenburgstr. 35号 · 地图D3 · 电话：(089) 123 43 00 · www.blutenburgtheater.de

8 大都市剧场 (Metropol)
这座以20世纪50年代美学为特色的剧场，以前是一家电影院。剧场因其与众不同的表演和音乐，颇负盛名。München-Freimann, Floriansmühlstr. 5号 · 电话：(089) 32 19 55 33 · www.metropoltheater.com

9 拉赫—西斯歌舞酒店 (Lach-und Schießgesellschaft)
在迪特·希尔布兰德特 (Dieter Hildebrandt) 的经营下，酒店在20世纪50年代就小有名气，后因一部连续剧在此拍摄，而更加出名。演员表虽然变了，但是节目仍就一样。Ursulastr. 9号 (Haimhauserstr附近) · 地图G2 · 电话：(089) 39 19 97 · www.lach und-schiess.de

10 弗劳恩霍夫歌舞酒店 (Theater im Fraunhofer)
这个多功能酒馆不仅提供正宗的巴伐利亚美食，同时，小舞台上还有精彩的音乐、歌舞和笑话表演。Fraunhoferstr. 9号 · 地图L4 · 电话：(089) 26 78 50 · www.fraunhoferheater.de

十大音乐家和剧作家

1 理查德·施特劳斯 (Richard Strauss)
生于慕尼黑的作曲家 (1864年～1949年)。

2 弗兰克·魏德金 (Frank Wedekind)
1896年，这位剧作家、演员与诗人 (1864年~1918年) 在慕尼黑开始了他的讽刺创作之旅Simplicissimus。

3 奥托·法尔肯贝尔格 (Otto Falckenberg)
慕尼黑议会剧场 (1917年～1944年) 最著名的导演 (1873年～1947年)。

4 卡尔·瓦伦汀 (Karl Valentin)
瓦伦汀是生于慕尼黑的喜剧演员 (1882年～1948年)，他通过颠倒事物去制造喜剧效果，目前仍然深受大家喜欢。

5 瓦尔斯·福尔多 (Weiß Ferdl)
费德那多·威司艾丁格 (1883年～1949年) 曾在安普拉茨歌舞酒店 (Am Platzl) 做了20多年的艺术总监。

6 里索·卡尔斯达特 (Liesl Karlstadt)
人们喜欢把里索看成卡尔·瓦伦汀志同道合的舞台搭档 (1892年～1960年)。

7 卡尔·奥夫 (Carl Orff)
这位慕尼黑作曲家 (1895年～1982年) 曾在音乐学院(Conservatory of Music) 执教，著名的Carmina Burana就是他的大作。

8 布莱希特 (Bertolt Brecht)
来自Augsburg的剧作家 (1898年～1956年) 在慕尼黑议会剧院开始了他的艺术生涯。

9 奥古斯·特埃佛丁 (August Everding)
奥古斯特·埃佛丁 (1928年~1999年) 统治慕尼黑的音乐舞台长达几十年之久，他同时也是国家剧院的戏剧家和艺术指导。

10 赖纳·维尔纳·法斯宾德 (Rainer Werner Fassbinder)
这位大导演的电影在国际上非常出名，而他的职业开始于巴伐利亚的首府，1968年他在这里成立了“反戏剧”组织 (“antitheater”)。

国家剧院

慕尼黑双年艺术节标志

TOP 10 十大庆祝活动和露天活动

1 慕尼黑双年艺术节 (Munich Biennale)

这个音乐戏剧艺术节是作曲家汉斯·维尔纳·亨策（Hans Werner Henze）在1988年创立。慕尼黑政府委任这位年轻的作曲家为艺术节完成了第一部完整的作品。目前，双年艺术节的活动已成为慕尼黑文化生活的亮点，艺术节定期举行，其间节目丰富。隔年的5月举行，为期两周（双数年份举行）· www.muenchenerbiennale.de

十月啤酒节的洛温布豪铜狮（Löwenbräu lion）

2 冰刃之夜 (Blade Nights)

冰刃之夜从1999年的5月到9月开始举行，30万名旱冰爱好者趁机享受滑冰的乐趣。5条交互路段在星期一晚上关闭，以保证畅通。5月～9月的星期一 · http://munich-bla.de

3 慕尼黑电影节 (Filmfest München)

慕尼黑电影节的规模比柏林电影节更小，参加的明星也相对较少，但它绝对是人民的艺术节，也深受大家的喜爱。全市许多家影院都放映国际性电影。加斯泰格文化中心是艺术节的中心，这里傍晚还放映露天电影。6月最后的8天 · www.filmfestmuenchen.de

4 夏季桃屋艺术节 (Tollwood)

这个热闹的节日每年举行两次，夏季和冬季，帐篷中有音乐、舞蹈和戏剧。以前只是作为选择性的活动，现在已经发展成为包括各种节目的重要的艺术节，这里有表演、商店和食品和饮料屋。夏季节日（6月～7月）在奥林匹克公园的南部举行；冬季节日（11月～1月31号）在特蕾西亚草坪广场举行 · www.tollwood.de

5 戏剧—歌剧节（Opern-Festspiele）

路德维希二世期间，慕尼黑成为了音乐中心，这里也成为了瓦格纳歌剧和主要的莫扎特音乐节首演的场所。1910年，理查德·施特劳斯音乐周开幕，这成为戏剧—歌剧节保留的传统节日，该节日以古典和当代的作品为特色，同时还有歌剧节的创新性节目。7月的第4周 · www. opern-festspiele.de

6 国王广场露天活动 (Königsplatz Open Air)

国王广场华丽的背景好像是专为露天活动而设计。通常在夏季的7月，人们可以在此欣赏古典音乐

露天电影节

爱书者可以在加斯泰格文化中心11月和12月的慕尼黑图书展览会上（Münchener Bücherschau）找到想要阅读的材料

会，甚至歌剧表演。为了使整个活动更加完美，这里还举行流行音乐会和放映电影。7月 · www.kinoopenair.de

7 剧场音乐夏天（THEATRON MusikSummer）

世界上最长的露天音乐节（根据《吉尼斯世界纪录大全》记录），不得不缩短。然而，音乐节仍要举办24天，在奥林匹克公园圆形剧场开阔的天空下，人们尽情的享受着美妙的音乐。音乐会种类从古典音乐会到流行音乐会不等。8月 · www.theatron.de

8 十月啤酒节（Oktoberfest）

每年有600多万游客，从世界各地来到特蕾西亚草坪广场，参加世界规模最宏大的节日。啤酒节在9月举办，持续16天。（见22～23页）

9 舞蹈节（Dance）

慕尼黑政府组织和当地以及国际的伙伴，共同举办的创新性舞蹈音乐节。大部分的作品都是综合性的艺术，不同于一般。隔年的10月底和11月初举办（2006年，2008年） · www.muenchen.de

10 戏剧艺术节（SpielArt）

慕尼黑举办的“戏剧世界窗口”（“Window on the World of Theatre”），在不同展区展出了世界各地不同的戏剧作品，通常每季艺术节集中展示一个国家的戏剧艺术。隔年的11月中旬和12月初举办（2005年，2007年） · www.Spielart.org

十大其他活动

1 芭蕾周（Ballet Week）
国家芭蕾表演和交流表演。3月中旬 · www.bayerisches.staatsballett.de

2 春季节（Frühlingsfest）
十月啤酒节的姊妹节日，春季节也是在特蕾西亚草坪广场上举行。4月中旬到5月初

3 国际纪录片电影节（Internationales Dokumentarfilmfestival）
新兴电影制作者拍摄的国际纪录片和电影。5月 · www.dokfestmuenchen.de

4 城市建立节（Stadtgründungsfest）
在玛林广场和剧场广场（Odeonsplatz）之间举行的文化活动。6月第1个周末举行

5 泉水园音乐会（Brunnenhofkonzerte）
夏季温和的夜晚，在皇宫的泉水园举办的音乐会上，人们可以欣赏到古典音乐、探戈歌舞、电影音乐和其他类型的音乐。7月 · www.muenchen.de

6 钢琴夏季（Klaviersommer）
高口径的明星和国际性音乐会，从古典到现在。7月 · www.muenchnerklaviersommer.de

7 克里斯多夫游行活动（Christopher Street Day）
同性恋游行活动，表演。7月 · www.muenchen.gay-web.de/csd

8 幻想电影艺术节（Fantasy Filmfest）
惊悚电影、垃圾电影和其他同类电影是B级电影迷的最爱。7月和8月 · www.fantasyfilmfest.com

9 喜剧电影节（Comicfest）
3天的喜剧演出，新艺术：图片、书籍和普拉特琳瑟街的活动。隔年6月（2005年，2007年-） · www.comicfest.de

10 长夜活动（Lange Nächte）
音乐、戏剧、博物馆、书店和其他的夜晚。 · www.muenchen.de

后面两页是卡尔广场和司法行政部（Justizpalast）的照片

皇家啤酒馆

奥古斯汀啤酒馆

白色啤酒屋

TOP 10 十大传统酒馆

1 皇家啤酒馆 (Hofbräuhaus)

参观慕尼黑的游客都应该游览一下这座古老的啤酒馆（见80页），它不仅是巴伐利亚酒馆的代表，同样也是世界上最著名的酒馆。当地的人对此也流连忘返。每天中午和下午6点以后，这里都有乐队表演。Am Platzl 9号 · 地图M4 · 电话：(089) 22 16 76 · www.hofbraeuhaus.de

2 奥古斯汀啤酒馆 (Augustinerbräu)

在这座古老的建筑内，饥渴的游客可以在此找到一家啤酒馆和装修豪华的餐厅（餐厅内设贝壳大厅〈Muschelsaal〉——一间贝壳装饰的房间）。这里不仅有巴伐利亚的特色小吃，还有著名的Augustiner啤酒。夏季，游客可选择在步行区的露天餐厅，或是后面的阿卡登园（Arkadenhof）就餐。Neuheauser Str. 27号 · 地图K4 · 电话：(089) 23 18 32 57 · www.augustiner-restaurant.de

3 Löwenbräukeller酒馆

这座1883年建造的古老建筑，位于离市中心不远处热闹的史迪科玛丽广场（Stiglmair-platz）。这里有一家精致的酒馆、几个大厅、舞厅和巨大的啤酒花园（见24页）。3月，酒馆的主人敲开了第1桶Triumphator啤酒，迎来了第5季—烈性黑啤（bock beer）的季节。酒馆入口的石狮是Löwenbräu酿造厂的标志性象征。Stiglmairplatz · 地图E4 · 电话：（089） 52 60 21 · www.loe-wenbraeukeller.com

4 白色啤酒屋 (Weißes Bräuhaus)

在此可以品尝到精心烹制的慕尼黑美食，如：肉汤煎饼（Pfannkuchensuppe）、烤牛肉肠（G'schwollene）和烤猪肉（Schweinsbraten）。厨艺高超的师傅将及时地为您烹调出想要的美食。啤酒馆通常出售麦芽啤酒，您当然也可品尝一杯美味的Schneider Weiße。Im Tal 10号 · 地图L4 · 电话：（089） 29 98 75 · www.weisses-braeuhaus. de

5 洛凯尔堡酒馆 (Nockherberg)

这座伊萨河上的传统啤酒屋，在1999年的一场大火中被烧毁。然而，2003年起，政府官员再次来到这座重修的Paulaner酒馆，出席一年一度的Salvator啤酒敲桶仪式。当众星云集的活动结束后，普通的顾客蜂拥来到山上的酒馆，畅饮这里酒精浓度18%的烈性黑啤。Hochstr. 77号 · 地图G4 · 电话：（089） 4599 13-0 · www.nockherberg.de

史迪科玛丽广场上的酒馆

6 塞德梅尔酒馆 (Beim Sedlmayr)

这座乡村酒馆是由巴伐利亚著名的喜剧演员沃尔特·塞德梅尔（Walter Sedlmayr）建立，这里提供巴伐利亚的传统美食。Westenriederstr.14号 · 地图L5 · 电话：（089） 22 62 19

慕尼黑有各种美食，从高级烹饪到传统小吃；更多餐厅信息，请见本书64～65页、85页、93页、103页和111页。

奥古斯汀啤酒馆中的阿卡登园

7 Franziskaner Fuchsenstuben
这座200多年历史的酒馆有慕尼黑最好的巴伐利亚白香肠（Weißwürste）和"肝"奶酪（Leberkäse）。 Perusastr. 5号 · 地图L4 · 电话：（089）23 18 12 10

8 Augustinerbräustuben酒馆
您可以选择在慕尼黑十月啤酒节的时候光顾这家酒馆，在过去的酒窖和工厂马厩里，您可以了解真正的巴伐利亚风情。Landsberger Str. 19号 · 地图D4 · 电话：（089）50 70 47

9 Fraunhofer酒馆
这座正宗酒馆的内部装修于19世纪初。酒馆后面庭院的歌舞舞台是这里的特色，学生经常光顾这里。Fraunhoferstr. 9号 · 地图L6 · 电话：（089）26 64 60

10 Paulaner啤酒馆（Paulaner Bräuhaus）
重新装修后增加的黑木装饰和家具，使酒馆显得非常舒适。酒桶内盛着家庭自己酿制的传统Paulaner啤酒。野味是这里美食的重点。Kapuzinerplatz 5号 · 地图E6 · 电话：（089）5 44 61 10

慕尼黑十大品牌啤酒

1 Augustiner
从1328年开始，在大教堂旁边的一所修道院中酿制。Augustiner是公认的啤酒中的香槟酒。

2 弗朗奇斯卡娜白啤酒（Franziskaner Weißbier）
圣芳济会的修道士（Franciscan）从1363年开始，在皇宫大街（Residenzstraße）以前的一座修道院内，酿造这种啤酒。现在它是Spaten-Löwenbräu公司（Spaten-Löwenbräu Group）的一部分。

3 Paulaner
早在1634年，Au中的使徒保罗（Pauline monks）就开始酿造这种啤酒。Salvator啤酒现在仍然使用的是Barnabas Still教士18世纪时的配方。

4 Löwenbräu
14世纪时的传统酿造。从19世纪开始，这里成为慕尼黑最大的啤酒酿造厂。

5 Hofbräu
威廉五世公爵（Duke Wilhelm V）在1589年建立了自己的皇家啤酒酿酒厂。一座新的酿酒厂于1607年在Platzl上建造。(今天的"皇家啤酒馆"〈Hofbräuhaus〉)。

6 涌泉啤酒（Spaten）
酿酒厂建立于14世纪，根据16世纪的Spatt家族而得名。

7 Unertl Weißbier
对某些人而言，来自上巴伐利亚Haag小镇的Unertl啤酒是白啤酒中精品。

8 Erdinger Weißbier
巴伐利亚小麦啤酒有近千种不同的口味，该啤酒是其中的精品。

9 Ayinger
Aying小镇生产许多世界闻名的啤酒，这座小的乡村酿酒厂就位于这里。

10 Andechser
从中世纪开始，人们就在这座神山的Benedictine修道院中酿制啤酒。

更多关于慕尼黑餐厅的信息，请登录巴伐利亚酒店和酒馆协会（Bavarian Hotel and Pub Association）的网址：www.bhg-online.de

维可托利安集市　　集市上的货摊

TOP 10 十大集贸市场

1 维可托利安集市 (Viktualienmarkt)

参观建立于1807年的维可托利安集市（见27页），您将会有一种特殊的感受。这里原先是一个农贸市场，现今这里已发展为巨大的蔬菜、瓜果和鲜花的集市。从周一到周六，都可以在此挑选每日所需的新鲜的水果、蔬菜、肉类、鸡蛋、蜂蜜和鲜花，同时这里还有进口的香料和其他专门的食品。市场除了有根据慕尼黑历史人物雕像为主题的几处喷泉外，五月柱下还有一个小小的啤酒花园。·地图L5

2 伊丽莎白广场集市 (Markt am Elisabethplatz)

集市位于施瓦宾地区（Schwabing），著名的伊丽莎白广场是根据奥地利皇后“茜茜公主”而得名。该市场建立于1903年，星期日不开市，是慕尼黑第二大市场。除了出售水果、蔬菜、奶酪、香肠和酒外，货摊上还有各种家庭自制的特色美食。市场上的小餐厅尤其引人注目。地图F3

3 维也纳广场集市 (Markt am Wiener Platz)

许多在慕尼黑拍摄的电影都以海得豪森区（Haidhausen）维也纳广场上永久的货摊作为背景。当地的商人和公司职员会利用休息时间，在其中的一个小店，来上点儿小吃。地图P5

4 大市场大厅 (Großmarkthalle)

慕尼黑的室内大市场（批发市场），热闹异常。市场建立于1912年，内设4个大厅。市场内部和周边还有许多不错的餐厅和酒馆。Thalkirchnerstr.

5 奥尔交易会 (Auer Dulten)

这里举办的教堂节从14世纪开始，后发展成为一年一度热闹的交易会（Dulten），目前，交易会一年有3个为期9天的分会，分别是：4月末的五月交易会（Maidult），7月25日开始的雅克布交易会（Jakobidult），和10月底的秋季交易会（Herbstdult）。展会的空气中弥漫着炒杏和烤鱼的香味，热情的商户们争相展示着他们的商品：碗碟、蜡烛、专利药品和小摆设。Mariahifplatz · 地图F6-G6 · www.auerdult.de

6 古玩市场 (Antikmärkte)

古董宫殿（Antikpalast）（罗森海马〈Rosenheimer〉大街143号），淘出您喜爱的老家具。达葛菲恩（Daglfing）（特拉博大街〈Traberstraße 1号〉）的跳蚤和古玩市场中，挤满了各式各样的玻璃器物、银器、陶器、绘画和老式家具，真可说是琳琅满目。同时，慕尼黑自由人（Munich-Freimann）（Lilienthalallee 29号）的跳蚤和古玩市场也是淘宝者的天堂。www.antikpalast-muen chen.de · www.flohmarkt-daglfing.de · www.zenith-die-kulturh alle.de

二手市场上的鼻烟壶

7 二手和跳蚤市场 (Second-Hand&Flea Markets)

4月特蕾西亚草坪广场上盛大的跳蚤市场，和新商品交易会（Neue Messe）（Alfons-Goppel大街3号）

全慕尼黑，在特殊的日子都会举办农民赶集会

维可托利安集市上霍伊德·雅克尔雕像

场地内举办的巴伐利亚最大的露天跳蚤市场，是您探宝和散步的好去处。www.muenchen.de

8 二手商店 (Second-Hand Stores)

也许是作为时代的标志，二手商品已经成为主流，“最佳”（“Vintage”）商店一时间在各地兴起。城市二手商品商店（Städtisches Gebrauchtwarenhaus），萨河森大街（Sachsenstr）25号 · 辛迪二手市场（Cindy's Second Hand），Lindwurmstr. 66号 · 地图E6 · 商店列表：www.jiz-muench en.de

9 圣诞节市场 (Weihnachtsmärkte)

圣诞节市场是这里有悠久历史和有趣的传统。其中玛林广场上的规模最大，而又以施瓦宾地区和海得豪森区的市场最棒。玛林广场，地图L4 · Münchner Freiheit，地图G2 · Weißenburger广场，地图P6

10 马市 (Horse Market)

每月，在角斗场旁边的家畜大厅都要举办马匹拍卖会。Zenettistr. 11号 · 地图E6

慕尼黑十大名人

1 朱利叶斯·堂豪赛 (Julius Thannhauser)

狂欢节著名演员（1860年～1921年）。

2 伊莉斯·奥琳格 (Elise Aulinger)

著名女演员（1881年～1965年），广播节目先锋和Ratschkathl人物的创作者。

3 汉斯·布拉多 (Hans Blädel)

鞋匠出生，后成为著名的喜剧音乐鉴赏家（1871年～1937年）。

4 米娜·赫维赫莉 (Minna Reverelli)

原名赫米娜·科纳普（Hermina Knapp）（1892年～1941年），后成为Platzl的岳得尔歌（Yodeling）女皇。

5 拉特施卡托 (Ratschkathl)

歌舞表演家伊达·舒马赫（Ida Schumacher）（1894年～1956年）是最好的Ratschkathl演员。她创造了有轨电车清洁女郎（tram-track-crack-cleaning-lady）这个角色。

6 霍伊德·雅克尔 (Roider Jackl)

农民的儿子（1906年～1975年），以激昂的葛斯汤恩（Gstanzln）表演配乐讽刺诗而出名，他也是讽刺幽默的大师。

7 布拉希尔斯 (Blasius)

《慕尼黑晚报》受欢迎的专栏作家希格弗里得·索墨（Si-gi〈Siegfried〉Sommer）（1914年～1996年）的笔名。

8 巴莉·普赫尔 (Bally Prell)

身着华美的戏服，向热情的观众朗诵诗歌（1922年～1982年）。

9 瓦尔特·瑟德玛 (Walter Sedlmayr)

自学成才者和当地最受欢迎的演员（1926年～1990年），他是成功的舞台演员，也是Paulaner啤酒的广告代言人。

10 赫尔姆特·菲舍尔 (Helmut Fischer)

慕尼黑著名演员（1926年～1997年），因为在电视连续剧“Monaco-Franze”中扮演与剧名同名的角色而出名。

纪录片电影节海报

阿瑞·吉诺电影院

马特怀塞电影院

TOP 10 慕尼黑—巴伐利亚的好莱坞

1 盖泽葛斯塔格电影制片厂(Geiselgasteig)和巴伐利亚电影城

盖泽葛斯塔格电影制片厂是柏林电影之后的第二大电影工业，从1910年开始，就是电影工业的中心。大部分重要的作品都是在这里拍摄完成，其中包括：皮特森(Petersen)的《从海底出击》("Das Boot")以及伯格曼(Bergman)和法斯宾德(Fassbinder)的作品。今天，巴伐利亚电影城不仅放映电影，还有精彩的现场表演。Geiselgasteig，巴伐利亚电影广场7号·电话：(089) 64 99 23 04·开放时间：3月～10月每天上午9点至下午4点；11月～2月每天上午10点至下午3点·www.bavaria-filmstadt.de

2 慕尼黑电影节

从1983年开始，德国最大的公众电影节从6月底公开放映最新的国际大片。电影迷们喜欢独立经营的电影院里的活动，这里专门放映一系列的美国电影。加斯泰格文化中心是电影节的中心，同时，全市的许多影院都有好片放映。电影节的另一个分支是，11月举办的国际电影学会节(International Festival of Film Academies)。www.filmfestmuenchen.de

1991年慕尼黑电影节节目

3 影视学院

1967年成立的电影专业人员的培训基地。学院著名的毕业生包括维姆·温德斯(Wim Wenders)和罗兰德·埃默里奇(Roland Emmerich)。学院内的小影院里定期放映各种电影。Frankenthaler街23号·电话：(089) 68 95 70·www.hff-muenchen.de

4 城市博物馆中的慕尼黑电影博物馆

这座电影爱好者的梦幻剧场刚刚整修过，并安装了可以播放各种格式电影的最新技术。40年来，这里一直播放各种外国电影、连续剧、博物馆收藏的电影和著名的音乐无声电影。圣雅克布斯广场(St-Jackobs-Platz) 1号·地图L5·电话：(089) 23 32 23 48·有轮椅专用通道

5 国际纪录片电影节

5月是慕尼黑的纪录片之月。节日活动包括：纪录片、论坛、巴伐利亚电影、电影人论坛和最佳节目评选活动。电话：(089) 51 39 97 88·www.dokfestmuenchen.de

更多关于电影院、当前上映影片和其他电影相关活动，请登录：www.artechock.de/film

6 魔幻电影节 (Fantasy Filmfest)

人们喜欢怪诞和可怕的偏好，是举办恐怖和惊悚电影节日的前提，这个节日在7月和8月举行。· www. fantasyfilmfest.com

7 马特怀塞 (Mathäser) 电影院

慕尼黑以前的电影皇宫，2003年重新开放。这座超现代的多元电影院用作电影的首演。· Bayerstr. 5号 · 地图J4 · 电话：(089) 51 56 51 · 有轮椅专用通道

8 阿瑞·吉诺 (Arri Kino) 电影院

电影院由阿诺德 (Arnold) 和赫希特 (Richter) 设计，充满了传统气息，内设巨型大厅和酒吧。Tükenstr. 91号 · 地图L1 · (089) 38 89 96 64 · 没有轮椅专用通道

9 马克西姆 (Maxim) 电影院

这家电影院是由西吉·戴布尔 (Sigi Daiber) 经营，主要放映独立电影和纪录片，其中包括塔科夫斯基 (Tarkovsky) 拍摄的电影。Landshuter Allee 33号 · 地图D3 · 电话：(089) 16 87 21 · 有轮椅专用通道

10 工场电影院 (Werkstattkino)

电影院位于后院建筑的地下内，专门放映主流电影以外的电影。Fraunhoferstr. 9号 · 地图L6 · 电话：(089) 2 60 72 50 · 没有轮椅专用通道

巴伐利亚电影城的特技表演

慕尼黑十大电影制作人

1 珀西·艾德隆 (Percy Adlon)

艾德隆（1935年～）在成功拍摄《甜蜜咖啡屋》（"Out of Rosenheim"）后，进军好莱坞。

2 赫伯特·阿赫滕布施 (Herbert Achternbusch)

阿赫滕布施（1938年～）在慕尼黑出生，他运用卡尔·瓦伦提的传统创造了夸张的巴伐利亚电影。

3 米歇尔·弗霍芬 (Michael Verhoeven)

弗霍芬（1938年～）来自一个显赫和天才的演员和导演家庭，后与女演员辛塔·博格（Senta Berger）结婚。

4 约瑟夫·维尔斯麦尔 (Joseph Vilsmaier)

成功的名人传记电影导演（1939年～），电影包括1997年的《六重唱》(Comedian Harmonist)。

5 海穆特·迪特 (Helmut Dietl)

迪特（1944年～）用电视纪录了慕尼黑的风光，如：《摩洛哥·弗兰茨》"Monaco Franze"（1983年）和《吉尔王朝》"Kir Royal"（1985年）。

6 赖纳·维尔纳·法斯宾德 (Rainer Werner Fassbinder)

新德国电影院 (New German Cinema) 的著名天才，法斯宾德（1945年～1982年）导演了40多部电影。

7 梅·史必斯 (May Spils)

史必斯1967年拍摄《宝贝别跑！》（"Zur Sache Schätzchen"），电影捕捉到了20世纪60年代施瓦宾地区人们的精神状态，并捧红了演员维尔纳·安科（Werner Enke）和维希·格拉斯（Uschi Glas）。

8 多瑞斯·多利 (Doris Dörrie)

导演兼编剧多利（1955年～）由于她1985年拍摄的《人类》（"Men"）而一举成名。

9 卡洛林·林克 (Caroline Link)

林克（1964年～）因其影片《何处是我家》（"Nirgendwo in Afrika"）获2002年奥斯卡最佳外国电影奖。

10 福洛里安·加仑柏格 (Florian Gallenberger)

加仑柏格（1972年）出生在慕尼黑，她拍摄的"Quiero ser"荣获2001年奥斯卡最佳短片奖。

后面两页是冷巴赫艺术馆的照片

THE OPPOSITE

奥普提摩中心

慕尼黑礼拜中心

TOP 10 十大夜生活场所

1 原子咖啡馆 (The Atomic Cafè)

咖啡馆内部为亮橙色是20世纪60年代的装饰风格，一直以来这里都受到人们的喜爱。这里您可以欣赏到不同种类音乐的现场表演，从英伦摇滚、印度歌舞、街舞到摇滚。Neuturmstr. 5号 · 地图M4 · 电话：(089) 2 28 30 52 · 开放时间：星期二到星期六晚上9点开放；星期日和星期一休息

2 帕哈俱乐部（Pacha）

这里是原先著名的夜晚咖啡馆（Nachtcafè）。帕哈俱乐部内不仅有完整的家庭音乐（house music）表演，还有最好的流行音乐主持人。巨大的平台使其成为慕尼黑最漂亮的俱乐部之一。马克西米连广场5号（Maximilianplatz）· 地图K3 · 电话：(089) 30 90 50 850 · 开放时间：星期五、星期六和公共假期之前晚上10点开放 · www.pacha-muenchen.com

3 兹尔沃克俱乐部（Zerwirk）

这里原本是1264年修造的公共浴室，建筑物（慕尼黑第二老的建筑）包括一个猎鹰房子（falcon house）、一个酿酒厂和一个剧院。现在，这里是一个素食餐厅、文学沙龙，也是一个俱乐部。目前，这里也是流行的“Glockenbach”一族非常喜爱的地方。Ledererstr. 3号 · 地图L4 · 电话：(089) 2323 91 91 · 俱乐部开放时间星期五和星期六 · www.zerwirk.de

4 大众花园俱乐部和花园 (Volksgartenclub&Garden)

正如俱乐部的名称一样，这里有一个种满棕榈树的巨型花园和夏季深受大家喜欢的沙滩。您可以参加周五举办的“大众渴望”（“Das Volksbegehren”）活动或是周六的“今夜行动”（“Die Macht der Nacht”）。Ramersdorf，罗森海马（Rosenheimer）街145号 · 地图H6 · 电话：(089) 36 81 45-0? 开放时间：星期二、星期三、星期五和星期六晚上10点开放 · www.volksgarten.de

5 穆法特大厅（Muffathalle）

这里以前是一座供暖厂，现在，巨大的大厅仅仅为预订的活动开放，如：音乐会、戏剧、舞蹈表演和读书活动。咖啡馆除了星期日以外每天都营业。这里也是慕尼黑最漂亮的景点之一，位于民众浴室的背面，夏季，这里还设有美丽的啤酒花园。Zellstr. 4号 · 地图N5 · 电话：(089) 45 87 50 10 · www.muffathalle. de

穆法特大厅的酒吧

6 P1

这里经常有拜仁慕尼黑足球俱乐部的球星和其他名人光

注：除特殊情况，所有的音乐会、俱乐部和迪厅都收费

顾，是慕尼黑著名的俱乐部之一。这里的看门者非常严格，他们也因为其拒绝“普通顾客”的光顾而声名狼籍。平时，P1俱乐部看起来更像一个休闲室，而不是一个夜总会。Prinzregentenstr. 1号·地图M3·电话：(089) 21 11 14 10·开放时间：每天（星期日到星期四开放到凌晨4点，星期五和星期六开放到更晚）

7 夜总会（巴伐利亚宫殿）(Night-Club<Bayerischer Hof>)

音乐爱好者在这里可以欣赏到最正宗的音乐，包括爵士乐、朋克和黑人灵歌。Promenadeplatz 2-6号·地图K4-L4·电话：(089) 212 09 94·门票（有时免费）·www.bayerischerhof.de/culture

8 心灵城市（Soul City）

这个街舞俱乐部是同性恋者经常聚会的地方，同时也受到社交聚会常客的喜爱。(见63页)

9 慕尼黑礼拜中心 (Kultfabrik München)

礼拜中心是巨大的娱乐区。这里有20多个酒吧、俱乐部和迪厅。Grafinger街6号·地图H6·电话：(089) 49 00 90 70·www.kultfabrik.de

10 奥普提摩中心 (Optimolwerke)

奥普提摩中心位于慕尼黑礼拜中心的附近。这里有13个迪厅、俱乐部和玻璃帐篷（Spiegelzelt）。Friedenstr. 10号·地图H6·(089) 45 06 920·www.optimolwerke.de

夜总会的现场音乐表演

十大特色酒吧和咖啡馆

1 玩偶报时钟咖啡馆 (Cafè Glockenspiel)
30~40岁人群聚会的地方。热闹的露台。·玛林广场28号（通道进入后，乘电梯至第五层）·地图L4

2 涅格洛尼酒吧（Negroni）
海得豪森区温馨酒吧。这里具有古典的气息，设有独立的厨房，并出售不同种类的雪茄。·Sedanstr. 9号·地图P6

3 罗玛酒吧（Roma）
这里是明星、初涉影坛的小演员和“美女”喜欢光顾的地方。·Maximilianstr. 31号·地图M4

4 维拉·费罗拉咖啡馆 (Villa Flora)
这座带啤酒花园的小别墅是喜欢玩乐人们的天堂。·Hansastr. 44号·地图C5

5 萨莎丽托斯酒吧（Sausalitos）
墨西哥风格的酒吧内部装饰了许多仙人掌，这里是年轻人喜爱的地方。·Türkenstr. 50号·地图L1

6 冷巴赫（Lenbach）
新潮的贵宾酒吧。·Ottostr. 6号·地图K3

7 冲天酒吧（Hit the Sky）
酒吧粉红色和深红色的内部是情人约会的好去处。·Baaderstr. 33号·地图L6

8 巴德咖啡馆（Baader Cafè）
合理的价格。学生社交的主要场所。·Baaderstr. 47号·地图L6

9 城前咖啡屋（Vorstadt- Cafè）
从早餐一直开放到茶点时刻。Türkenstr. 83号·地图L1

10 会面咖啡馆（Interview）
Philippe-Starck式设计的咖啡馆和露天餐桌。（开放时间：上午9点30分至下午1点）·花匠广场（Gärtnerplatz）1号·地图L5

夜生活中心区—位于Fröttmaning的Kunstpark Nord，已在2006年德国世界杯比赛前建成

舒曼酒吧　　汤博司咖啡馆　　中心酒吧

TOP 10 十大酒吧和咖啡馆

1 舒曼酒吧 (Schumann's)

从1982年开始，这里就是慕尼黑顶级的酒吧之一。目前，酒吧位于皇家花园内。这里大部分的座位都被一些常客包下，所以，您在光顾之前最好先预订。虽然这里的菜式不多，但都非常美味。查尔斯·舒曼酒吧的炸土豆和牛排非常有名。剧场广场（Odeonsplatz）6 & 7号 · 地图L3 · 每天晚上开放 · www.schumanns.de

2 L酒吧 (L-Bar)

酒吧老板欧内斯特·勒施特哈尔(Ernst Lechthaler)在百姓参与和鼎力帮助下，创建了一座名人酒吧。酒吧靠近庄严的四季酒店(Vierjahrszeiten Hotel)。殖民时期风格的酒吧内出售有最好的雪茄和鸡尾酒。Wurzerstr. 18号 · 地图M4 · 每天晚上开放 · www.lbar.de

3 香港酒吧 (Hongkong Bar)

您在40米长（130英尺）的酒吧内品尝外国名酒的同时，还能享受这里来自遥远东方的韵味。梦幻般的亚洲菜肴是旁边餐厅的主要特色。这里的顾客众多。Kapuzinerstr. 39号 · 地图E6 · 每晚开放

普色酒吧

4 朱勒普斯酒吧 (Julep's)

美国乡村风格的酒吧，这里的招待员能够熟练的为您调制出200多种鸡尾酒，您可以站在吧台，畅快地喝完一瓶啤酒。这里的餐厅提供经典的菜式，如：龙虾和墨西哥菜（TexMex）。Breisacher街18号 · 地图H5 · 每晚开放

5 普色酒吧 (Pusser's)

慕尼黑最新美式风格的酒吧，内部装饰为航海风格。这里的鸡尾酒主要用朗姆酒调制而成。另外，这里还有各种的威士忌酒、吉尼斯黑啤酒（Guinness）和Ayinger啤酒。在钢琴酒吧中，您可以品尝到经典的酒吧美食和加勒比海菜肴。Falkenturmstr. 9号（Platzl附近）· 地图M4 · 每晚开放

6 中心酒吧 (Bar Centrale)

这个意大利式的酒吧全天开放。酒吧门前的人行道上摆放了几付桌椅，空气中弥漫着香浓的蒸汽煮咖啡的味道。酒吧的后面主要为20世纪60年代的设计风格。这里不仅有最棒的鸡尾酒，还有可口的意大利面食和酒吧小点心。Ledererstr. 23号 · 地图L4 · 不接受信用卡消费

7 汤博司咖啡馆 (Tambosi)

这里是位于皇家花园的一家历史悠久的咖啡馆，并且全天开放。坐在咖啡馆中，会感觉到被带回

慕尼黑的酒吧通常都不关门：顾客甚至可以在这里逗留到凌晨3点或者更晚

路易特波尔德咖啡馆

到19世纪。夏季，这里设有两处露天咖啡屋，一处位于剧场广场，另一处在皇家花园中的菩提树下。偶尔，这里还有音乐系学生的现场音乐表演。剧场广场18号·地图L3

8 拉斐尼咖啡馆（Cafè Ruffini）

这里有慕尼黑的传统——无论何处的早餐都是这样的美味。面包和糕点都是由咖啡馆自家的面包房烤制。只有露台才设有桌椅。同时，这里还有晚间音乐会和书吧。Orffstr. 22号·地图D3·星期二到星期日开放

9 路易特波尔德咖啡馆（Cafè Luitpold）

通常白天这里提供有家庭制作的果仁糖和糕点，并且还有可口的菜肴。这里的厨房晚上7点就停止工作了。美丽的庭院和最棒的温室。Brienner街11号（路易特波尔德街区〈Luitpoldblock〉）·地图L3·开放时间：星期一到星期六（冬季星期日也营业）

10 清新小帽咖啡馆（Cafè Frischhut）

这里是夜生活一族钟爱的地方。咖啡馆早上5点开放，并提供新鲜的油炸和烘烤的食品、油炸圈饼和其他的糖果。Prälat-Zistl街8号·地图L5·星期日和公共假期休息

十大音乐酒吧和咖啡馆

1 福格勒爵士乐酒吧（Jazzbar Vogler）

传奇的爵士乐和蓝调音乐酒吧。Rumfordstr. 17号·地图L5

2 瓦尔德维特夏夫特·格拉斯何罗酒馆（Waldwirtschaft Großhesselohe）

受欢迎的巴伐利亚酒馆，内设啤酒花园。现场爵士乐表演。Pullach-Großhesselohe, Georg-Kalb街3号·电话：(089) 74 99 40 30

3 贝多芬广场咖啡馆（Caféam Beethovenplatz）

慕尼黑最古老的咖啡馆。上流社会的社交场所。现场古典音乐和爵士乐表演。Goethestr. 51号·地图E5

4 大轻松酒吧（The Big Easy）

新奥尔良风格酒吧和餐厅。庄严的氛围。星期日爵士乐表演。Frundsbergstr. 46号·地图C3

5 夜总会（Night-Club）

位于拜仁皇宫的地下室内。这里有最棒的爵士乐和Funk表演。Promenadeplatz 2-6号·地图K4-L4

6 波迪乌蒙酒吧（Podium）

摇滚乐、经典老歌和爵士乐都是这里的特色。这里已建立30年。Wagnerstr. 1号（Siegesstr附近）·地图G2

7 乌思特伐尔特酒馆（Unterfahrt）

该酒馆位于爱因斯坦文化中心（Einstein Kulturzentrum）的地下室内。这里是世界级爵士乐表演场地。Einsteinstr. 42号·地图H5

8 原子咖啡馆（Atomic Cafè）

以现场的爵士乐表演为特色。（见58页）

9 基森咖啡馆（Kaffee Giesing）

这家有名的咖啡馆是由作曲家Konstantin Wecker建立的。晚上9点开始有现场的音乐表演。Bergstr. 5号

10 皇家啤酒馆（Hofbräuhaus）

巴伐利亚铜管乐队长期在这里表演。Am Platzl 9号·地图M4

许多博物馆都有介绍咖啡馆文化的展区，如：希腊博物馆、艺术大厅和冷巴赫艺术馆

德国橡树

莫利兹俱乐部的酒吧

艺术工艺的互联网咖啡馆

TOP 10 十大同性恋聚集场所

1 德国橡树 (Deutsche Eiche)

这里曾经是德国著名电影制作者法斯宾德（Fassbinder）和他的朋友常光顾的地方。这里也是一家多功能的同性恋者俱乐部，建筑还包括酒店和洗浴中心。这里除了提供巴伐利亚美食以外，还有来自世界各国的烹饪。洗浴中心位于大楼的后侧，一共四层，内设蒸气浴室、游泳池和屋顶花园。Reichenbachstr. 13号 · 地图L5 · 电话：(089) 23 11 66-0 · www.deutsche-eiche.de

2 莫利兹俱乐部 (Club Morizz)

莫利兹俱乐部内雅致的装修，巧妙的设计，精致的吧台和红色的沙发，使这里成为最别致的聚会场所。同时，这里也是同性恋聚会的社区。这里的食物（欧洲美食和泰国菜）和饮料都非常不错。一个星期有几天，这里的主持人会安排美妙的音乐节目；这里的舞会深受大家的喜爱。Klenzestr. 43号 · 地图L6 · 电话：(089) 201 67 76 · www.club-morizz.de

莫利兹俱乐部

3 伊万俱乐部 (Iwan)

这里是位于宁静的格洛肯巴赫区（Glockenbachviertel）的酒吧和餐厅，夏季，俱乐部外还设有露天餐桌。这里的午餐为您提供价格适中的亚洲美食。伊万俱乐部有最著名的鸡尾酒和最优质的服务。白天，这里的顾客很复杂，晚上主要是同性恋者。不论是不是同性恋者，在这里都会感觉到舒适和快乐。Hans-Sachs街20号 · 地图L5 · 电话：(089) 20 00 90 90 · www.cafe-iwan.de

4 建筑酒吧 (Bau)

这里是喜爱牛仔裤、皮衣、橡胶装和制服迷的天堂。宽敞的酒吧内消费适中。酒吧内的两层建筑时而灯火辉煌，时而昏暗，温馨的聚会场所。Müllerstr. 41号 · 地图K6 · 电话：（089） 26 92 08 · www.bau-munich.de

5 理科 (Rico)

这里是后期Seitensprung俱乐部的复制品，并提供亚洲和地中海美食。周末，顾客可以在此品尝到精心准备的早餐。夏季，这里的庭院绿树成荫。Fraunhoferstr. 2号 · 地图K6 · 电话：（089） 26 02 25 56

6 摩罗 (Moro)

以前，这里仅仅是破旧地区

老亨德森夫人（Old Mrs Henderson）是传奇的拖拉俱乐部（drag club）（Müllerstr. 1号；电话：089-26 01 99 46）。周末有易装表演

的小酒馆，现在，摩罗已经被重新设计成为外部为乡村风格的时尚酒馆。这里吸引着来自社会各个阶层的顾客，并提供从巴伐利亚到亚洲和地中海的各种美食。Müllerstr. 30号 · 地图L5 · 电话：(089) 23 00 29 92 · www. moro-munich.com

7 艺术工艺 (Kr@ftAkt)

这里是慕尼黑同性恋者的互联网咖啡馆，设有酒吧和露天咖啡桌，位于同性恋者区达森德林格门(Sendlinger Tor)的附近。白天，这里为各种顾客提供鸡尾酒和各种点心。晚上，这里主要成为同性恋者的聚会场所。Thalkirchner街4号 · 地图K5 · 电话：(089) 21 58 88 81

8 英格斯 · 卡洛特 (Inges Karotte)

这里是慕尼黑最老的女同性恋聚会的场所。同时，这里也接待男同性恋和其他顾客。平时和周六晚上这里都举办有舞会。Baader-str. 13号 · 地图M5 · 电话：(089) 201 06 69 · 星期天到星期五开放

9 心灵城市 (Soul City)

这里是男、女同性恋和异性恋者聚会的场所。心灵城市的音乐主播为您挑选了从黑人灵乐到轻松的音乐。这家领导新潮的俱乐部，主要受到年轻人和街舞一族的光顾。俱乐部内还举办有各种表演和特殊的活动。查阅每天的报纸，您就能了解这里活动的具体安排。马克西米连广场 (Max-imiliansplatz) 5号 (从Max-Joseph街进入) · 地图K3 · 电话：(089) 59 52 72 · www. soul-city.de · 开放时间：星期四到

建筑酒吧外部多彩的设计

星期六

10 C俱乐部 (C-Club)

在这里的超级舞池内，男、女同性恋者在20世纪80年代的音乐的伴奏下跳起热舞。周末，这里还有易装癖者表演。Müllerstr. 1号 · 地图L5 · 电话：(089) 26 34 69

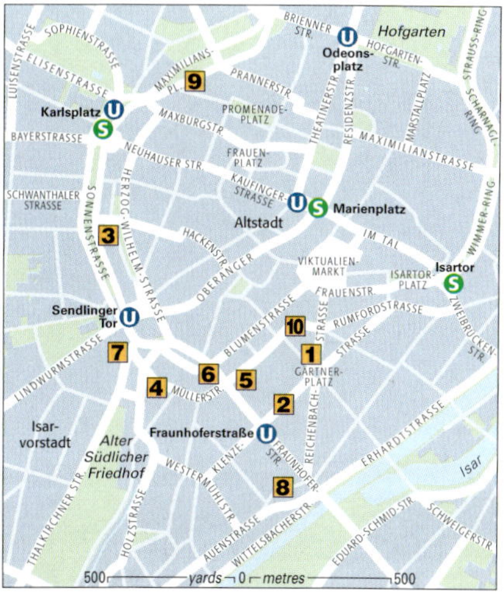

坦特里斯餐厅

冷巴赫的入口

国王宫殿

TOP 10 十大餐馆

1 坦特里斯餐厅（Tantris）

毫无疑问，这里是世界上最好的餐厅之一，曾被著名的高勒·米罗美食指南（Gault Millau）授予最高分—19分。哈斯（Hans Haas）关于美食乐趣的哲学无与伦比。这里是您庆祝特别时刻的最佳选择。这里不仅提供最顶级的美食，还有最贴心的服务，以及斟酒服务员保拉·博施（Paula Bosch）专业的推荐。JohannFichte街7号 · 地图G1-G2 · 电话：(089) 36 19 59-0 · 营业时间：星期二到星期六中午12点至下午3点；下午6点30分至凌晨1点 · www.tantris.de · €€€€€

2 国王宫殿（Königshof）

位于国王宫殿酒店的二层，这个别致的餐厅荣获一颗米其林星（Michelin Star）和高勒·米罗美食指南18分。这里不仅有精美的食物，还有800多种各式各样的名酒。卡尔广场25号 · 地图J4 · 电话：(089) 55 13 60 · 营业时间：星期二到星期六 · www. koenigshof-muenchen.de · €€€ €€

3 艾得勒餐厅（Ederer）

星级大厨师Karl Ederer在位于第五广场购物中心（Fünf Höfe）的二层餐厅内大显神功。人们可以在开阔和庄严的房间内，舒适地享受用精心烹制的各种美食。Kardinal-Faulhaber街10号 · 地图L4 · 电话：(089) 24 23 13 10 · €€€€-€€€€€

冷巴赫的过道

4 冷巴赫（Lenbach）

1997年开始营业，位于冷巴赫广场上重建的Bernheimer Palais内。英国设计师特伦斯·考伦爵士在七宗罪的启发下，设计了餐厅内部：一条象征虚荣的过道（runway）穿过餐厅的中部。Ali Güngörmüs——2004年高勒·米罗美食发现获奖者。露天餐厅。Ottostr. 6号 · 地图K3 · 电话：(089) 54 91 30-0 · 营业时间：星期一到星期六 · www.lenbach.de · €€€€-€€€€€

5 维娜依欧罗（Vinaiolo）

餐厅内部以独特的酒窖风格为特色，位于海得豪森区，内设旅馆、小酒馆和小餐厅，并提供可口的意大利菜式。当您挑选红酒时，可以咨询餐厅的老板，他会提供最好的建议。Steinstr. 42号 · 地图P6 · 电话：(089) 48 95 03 56 · 营业时间：星期二到星期日中午12点至下午3点；下午6点30分至凌晨1点 · www.Vinaiolo.de · €€€-€€€€

6 蓝德斯多芬&依勒霍芬餐厅（Landersdorfer & Innerhofer）

这里有城市中心最高的烹任标准。Hans Landersdorfer奥地利风格的菜式甚至能够满足最挑剔的美食家。这里的土豆面包配上开胃小菜，非常有名。Robert Innerhofer负责这里的酒窖。Hackenstr. 6-8号 · 地图K5 · 电话：(089) 26 01 86 37 · 营业时间：星期一到星期

许多星级的餐厅为您提供价格合理的午餐服务。更多的价格标准请见第85页

葛瑟斯·维娜特克餐厅

五 · €€€-€€€€

7 克莱斯米德兹餐厅（Kleinschmidtz）

餐厅位于格洛肯巴赫区，随意的小酒馆风格。根据季节调整的菜肴不仅有创造性，而且总是很可口。Fraunhoferstr. 13号 · 地图L6 · 电话：(089) 260 85 18 · 营业时间：每天下午6点至早晨1点 · 无信用卡消费 · €€€

8 葛瑟斯·维娜特克餐厅（Geisel's Vinothek）

餐厅位于Excelsior酒店内，有400多种酒供您选择，还有不错的美食。Schützenstr. 11号（Excelsior酒店）· 地图J4 · 电话：(089) 55 13 71 40 · 营业时间：每天中午12点至下午1点（星期日从下午5点开始营业）· €€€

9 奥尔·加罗·雷诺（Al Gallo Nero）

五星级餐厅，这里充满了乡村气息，并提供意大利美食。Grillparzerstr. 1号 · 地图H5 · 电话：(089) 470 54 72 · 营业时间：星期一到星期五中午12点至下午2点；星期一到星期六下午6点30分至晚上10点30分 · €€€

10 鲁尔大厅（Rue des Halles）

巴黎式的小酒馆，内部装修简约。精美的法国大餐和香甜可爱的巧克力慕斯。Steinstr. 18号 · 地图P5 · 电话：(089) 48 56 75 · 营业时间：下午6点至凌晨1点 · €€€

十大全天早餐和早午餐厅

1 基森咖啡馆（Kaffee Giesing）

星期日早午餐，有现场音乐表演。露天广场。Bergstr. 5号 · 电话：(089) 692 05 79

2 鲁费尼咖啡馆（Ruffini）

周末，早餐从清晨一直供应到下午4点。Orffstr. 22号 · 地图D3 · 电话：(089) 16 11 60

3 城前咖啡馆（Vorstadt-Café）

咖啡馆位于大学附近，早餐一直供应到下午4点。Türkenstr. 83号 · 地图L1 · 电话：(089) 272 06 99

4 施敦尔咖啡馆（Café Stör）

这个新艺术运动咖啡馆位于民众浴室（Müllersche Volksbad）。咖啡馆外设有桌椅，早餐一直供应到下午5点。Rosenheimer街1号 · 地图N5 · 电话：(089) 48 22 22

5 会面咖啡馆（Interview）

早午餐供应到下午5点，这时酒吧开始营业。露天广场。花匠广场（G?rtnerplatz）1号 · 地图L5 · 电话：(089) 202 16 49

6 新豪森咖啡馆（Café Neuhausen）

供应各式早餐到下午4点。Blutenburgstr. 106号 · 地图D3 · 电话：(089) 123 62 88

7 老施瓦宾咖啡馆（Café Altschwabing）

灰泥建筑和世纪末（fin-de-siècle）风格的混合体。早餐供应到下午5点。Schellingstr. 56号 · 地图L2 · 电话：(089) 273 10 22

8 咖啡香浓酒吧（Aroma-Kaffeebar）

供应自助早餐、咖啡和家庭口味的糕点。Pestalozzistr. 24 · 地图K6 · 电话：(089) 26 94 92 49

9 贝多芬广场咖啡馆（Café am Beethovenplatz）

古典爵士乐，星期日供应早午餐，露天广场。Goethestr. 51号 · 地图E5 · 电话：(089) 54 40 43 48

10 罗特蒙德咖啡馆（Rothmund）

各种不同的选择到下午3点（星期日举行主题早午餐）。露天桌椅。Rothmundstr. 5号 · 地图J6 · 电话：(089) 53 50 15

慕尼黑是一座重视饮食文化的城市。不同的区有各种不同的平价餐厅，详情见：85页、103页、111页和50～51页

第五广场购物中心

马克西米连大街上的精品店

TOP 10 十大购物场所

1 步行区（Pedestrian Zone）

慕尼黑的中心步行区一直从考芬格大街（Kaufingerstraße）和洛伊豪瑟大街（Neuhauser Straße）延伸到卡尔广场（又被称为史达胡斯广场〈Stachus〉）。在这里，您可以找到欧洲主要的品牌连锁店和商场。据调查，这里是德国每分钟零售营业额最高的地区。除了史达胡斯广场外，索能大街（Sonnenstraße）、舒层大街（Schützenstraße）和位于中心火车站的埃里森广场（Elisenhof）上都有许多的商店。地图K4-L4

2 特阿蒂那大街（Theatinerstraße）

富有的购物者纷纷来到慕尼黑这条最繁华的购物大街。大街从市政大厅后面的玛林广场开始。自从漂亮的第五广场购物中心的拱廊街道开通以后，这里的精品店和高级商店的数目也在不断的增加。地图L4

慕尼黑步行区

3 第五广场购物中心（Fünf Höfe）

在这条繁华的街道上，人们可以体验到古老的房子、当代建筑、拱廊街道、庭院、商店（如：Manufaktum和 Emporio Armani）、文化展览（如：Hypo文化艺术大厅）和美食（如：舒曼白天酒吧、Ederer、Barista和艺术大厅咖啡馆）。这条由著名建筑师荷索（Herzog）和德·穆龙（de Meuron）建造的现代城市建筑的瑰宝包括以下区域：特阿蒂那大街、卡蒂诺·弗奥哈勃大街（Kardinal-Fauhaber-Straße）、玛斐大街（Maffeistraße）和萨尔法托大街（Salvatorstraße）。地图L4

4 剧场广场和布里恩内大街（Odeonsplatz & Brienner Straße）

广场被奢侈品店和精品店包围，中间被茂密的林荫覆盖。在这里，您同样可以找到效仿大城市复兴的痕迹——19世纪的路易特波尔德街区，和这里的奢侈品店、画廊和带棕榈树花园的路易特波尔德咖啡馆（见61页）。地图L3

5 马克西米连大街（Maximilianstraße）

马克西米连二世在19世纪中期，修建了这条庄严的林荫大道。大街从国家剧场一直延伸到旧城环线（Altstadtring），这里已经成为欧洲商品最齐全的购物中心。宝格丽（Bulgari）、阿玛尼（Armani）、香奈儿（Chanel）和其他世界级品牌都在这条由Friedrich Bürklein设计的拱廊上落户。在这条林荫大道上还有著名的四季酒店（Hotel Vierjahreszeiten）、议会剧场（Kammerspiele）和2003年秋

关于各区零售商店的信息，请见：83页、91页、101页和109页

天建成的马克西米连广场（Maximilianhöfe）。地图M4

马克西米连广场

6 马克西米连广场（Maximilianhöfe）

广场上有一幢在马克西米连大街上重建的Bürklein建筑，这里还有许多写字楼和奢侈品商店（如：Gianfranco Ferré、Dolce&Gabbana和其他世界著名品牌）。国家歌剧的新排练舞台也在这里，舞台以透明的门帘正面为特点。广场的中央，历史悠久的柱廊大厅内保存着皇家骑士学校以前使用过的马舍设备。勃伦纳餐厅（Brenner）虽然位于不起眼的地方，但绝对是您在此品尝美食的好去处。地图M4

7 达森德林格大街（Sendlinger Straße）

这里是最古老的购物街之一，街上还有几家传统商店。这条街在不断发展的同时，仍然保持了品种齐全、琳琅满目的零售品，从时尚商场，到皮革制品店和茶叶店等不一而足。地图K5

8 维克图阿连市场附近（Around Viktualienmarkt）

这里是慕尼黑最古老的市场，附近有多家规模不一的打折品商店，是您闲逛的好地方。市场的南面的花匠广场（Gärtnerplatz）内也有许多商店。同时，这里还有许多小的古玩店，在狭长的通往伊萨门（Isartor）街道上，还有慕尼黑最大的出售有机食品的超市。向西朝着林达市场（Rindermarkt）的方向，人们在中世纪的狮子钟楼（Löwenturm）的附近新建了一条拱廊购物街。地图L5

9 大学附近

阿马里恩大街（Amalienstraße）、图尔肯大街（Türkenstraße）和阿达尔伯特大街（Adalbertstraße）在这里交会。在这个学生活动频繁的中心，不仅有许多书店，同时这里还有各种品牌的精品店，如：怪异服饰店和珠宝设计店。地图L1-L2

10 雷奥泊德大街和附近的街道（Leopoldstraße & Side Streets）

从基色拉大街（Giselastraße）开始，施瓦宾区的雷奥泊德大街上布满了各类精品店、餐厅和咖啡馆。您可以沿着林荫大道左侧的小道漫步，这里有各式各样有趣的商店。其中，这里的霍亨错伦大街（Hohenzollernstraße）已经发展成为小精品店的中心。地图F2-G2

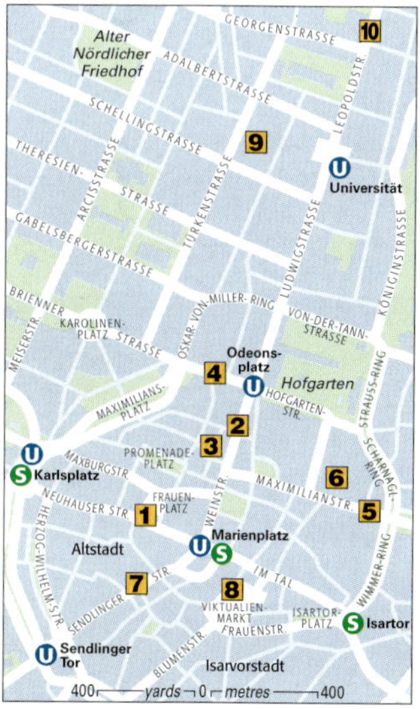

赫拉布恩动物园中的犀牛　皇冠马戏团的标志　格伦特莱登的农舍

TOP 10 十大儿童娱乐场所

1 慕尼黑奥林匹克公园

慕尼黑奥林匹克公园是慕尼黑最大的体育、休闲和健身运动中心，这里不仅有沙滩排球场、篮球场和滑冰场，您还可以乘船出游，或是攀登这里著名的帐篷屋顶（见18～19页）。公园丰富的游乐活动可以使您的小孩在这里度过开心的一天。

2 德意志博物馆

年龄稍大的孩子都非常喜欢这座世界上最大的科技博物馆。这里不仅有古建筑的模型，还有真正的喷气式飞机。小孩儿们可以在儿童区尽情的探索科学的奥妙。在完全为3岁以上的“年轻科学家”设计的区域里，孩子们可以亲身体验科学互动游戏的乐趣。“科技玩具”是各个年龄段都非常感兴趣的展区，这里的“行星漫游”活动，可以让孩子们在1小时的科学探索中，了解到从太阳到冥王星的相关知识。（见8～11页）

3 赫拉布恩动物园 (Tierpark Hellabrunn)

这里非常受孩子们的欢迎。这座城市动物园中不仅有猫的丛林帐篷，还有新的原始森林帐篷。这里还有小孩儿们喜欢的宠物动物园。请留意喂养时间。Tierparkstr. 30号 · 地图E6 · 开放时间：夏季上午8点至下午6点；冬季上午9点至下午5点 · 门票 · www.zoo-muenchen.de

4 木偶剧院（Puppet Theater）

这座慕尼黑最古老的木偶剧院，修建于1858年，位于一座人字形的有柱廊的小修道院中。这里精彩的表演老少皆宜。Blumenstr. 29a号 · 地图K5 · 电话：(089) 26 57 12 · 门票 · www.muenchner-marionettentheater.de

5 巴伐利亚电影城 (Bavaria Filmstadt)

这里的摄影棚内不仅可供游客游玩，还可以拍摄电影和电视。在特技节目中，您可以观看到爆炸和刺激的表演；同时，这里还有曾拍摄的著名电影的场景和模型。这里最精彩刺激的要数三维电影，您在观赏电影时自动屏幕会跟您的座位同时移动，制造出真实的视觉效果。儿童只有在120厘米（4英尺）以上才能观看这样的电影。Geiselgasteig，巴伐利亚电影广场(Bavariafilmplatz) 7号 · 电话：(089) 64 99 23 04 · 开放时间：3月到10月每天上午9点至下午4点；11月到2月每天上午10点至下午3点 · www. bavaria-filmstadt. de

巴伐利亚电影城最著名的电影龙Fuchur

6 皇冠马戏团 (Zirkus Krone)

空中杂技、老虎和狮子表演是这个古老马

更多关于儿童欢乐城市游和探险行走的的信息，请登录：www.muenchen.kinder-stadt.de

德国LEGOLAND

戏团的特色。夏季，这个马戏团会举行巡回演出，而冬季，他们主要在这里表演。Zirkus-Krone-Str. 1-6号 · 地图D4 · 电话：(089) 545 80 00 · 开放时间：12月25号～3月31号星期二到星期日 · 门票 · www.zirkus-krone.de

7 伊萨托的童话森林 (Märchenwald im Isartal)

游乐园内有花蕾形的旋转木马、老式的转盘、发射星摇（shooting-star swings）和童话建筑。Wolfratshausen, Kräuterstr. 39号 · 电话：(0 81 71) 1 87 60 · 门票 · www.maerchenwald-isartal.de

8 格伦特莱登露天博物馆 (Freilichtmuseum Glentleiten)

露天博物馆内有老的农舍、炼铁厂和传统的工匠。孩子们在这里可以拿到一本彩页作为参观指南。(见123页)

9 卡特宫殿（Kart Palast）

14岁以上的青少年可以参加手推车比赛。10到14岁的儿童可以参加星期六早上组织的班级。Hansastr. 5号 · 地图C5 · 门票 · 电话：(089) 547 03 91

10 德国LEGOLAND (LEGOLAND Germany)

这座游乐园内的40多个景点，林间小道和展览，为您提供了一系列用5000多万块LEGO砖建造的眩目的房子、动物和雕像。专门为3～13岁的儿童修建。Günzburg, Legoland-Allee 1号 · 电话：(082 21) 700 700 211 · 门票 · www.legoland.de

慕尼黑十大儿童游乐咖啡馆和餐厅

1 维拉·费罗咖啡馆 (Villa Flora)
5岁到10岁儿童，星期日早午餐半价。(5岁以下儿童免费) · Hansastr. 44号 · 地图C5

2 湖畔花园餐厅 (Seehaus)
小黑泽罗尔湖（Kleinhesseloher See）边的咖啡馆和啤酒花园，这里有划艇和脚踏船可供出租。英国公园（Englischer Garten）· 地图G2

3 葛里尔餐厅 (Gollier)
可口的素食、热情的服务员和游戏室。Gollierstr. 83号 · 地图C5

4 中国塔啤酒花园（Biergarten am Chinesischen Turm)
被绿茵和操场环抱的啤酒花园。英国公园（Englischer Garten）· 地图G3

5 汉堡餐厅（Bürgers)
星期天早午餐。14岁以下的儿童可免费就餐。Münchnerstr. 6号 · 地图L2

6 森林经济 (Waldwirtschaft)
秋千、滑板和小型高尔夫球将给儿童带来无限的乐趣。PullachGroßhesselohe, Georg-Kalb-Str. 3号

7 弗司豪斯维思布鲁餐厅 (Forsthaus Wörnbrunn)
这里的菜单都是彩色印刷，小孩子还可以将其带回家。Grünwald, Wörnbrunn 1号

8 皇家啤酒餐厅 (Hofbräukeller)
提供全天免费的照看婴儿服务。Innere Wiener街19号 · 地图P5

9 亚洲蒙格斯汀餐厅（Mangostin Asia)
星期日提供便宜的家庭自助餐服务，并开放游乐区。提前预订。Maria-Einsiedel街2号 · 电话：(089) 723 20 31

10 荷尔芍餐厅 (Hirschau)
封闭的操场旁边为啤酒花园。(英国公园) Englischer Garten, Gyßlingstr. 15号 · 地图H2

越来越多的餐厅提供针对家庭的服务，如：为儿童设计的菜单、后援团席位和照看婴儿服务

骑自行车者在公园中小憩

宁芬堡公园

TOP 10 十大远足和自行车之旅线路

1 漫步英国公园

从艺术殿堂（见37页）向北前进，您将经过公园在200年前建造的美丽景观。在小黑泽罗尔湖，一座人行桥连接着公园内新开辟的一个部分，并将您带到最终的目的地，迷人的阿墨斯特（Aumeister）啤酒花园。1.5～2个小时 · Zum Aumeister, Sonder-meierstr. 1号 · 电话：(089) 32 52 24

2 沿伊萨河远足旅行

从德意志博物馆出发（见8~11页），沿着伊萨河的右河岸向南部河的上游走。行程将近一半时，您有必要绕路前去游览美丽的玫瑰花园（见39页）。这条路线一直通往塔尔教堂（Thalkirchen），同时您还可以参观这里的赫拉布恩动物园（见107页）。1.5～2个小时 · Mangostin Asia, Maria-Einsiedel街2号 · 电话：(089) 723 20 31

3 西部公园漫步

从西部公园在翰萨街（Hansastr）和堡姆花园街（Baumgartenerstr）交会的最东头出发。向西穿过公园的草坪，并来到连接东西的人行桥。公园特殊的景观包括：富于艺术感的亚洲花园庭院和玫瑰花园旁带啤酒花园的餐厅。1～1.5个小时 · Gasthaus am Rosengarten, Westenstr. 305号 · 电话：(089) 57 50 53

4 宁芬堡公园漫步

在从宁芬堡皇宫（见12～13页）出发前，您需要在入口处的公园平面示意图中找到前进的路线。最吸引人的路线是庭院环形—帕戈登堡（Pagodenburg）、小瀑布、阿波罗庙，巴登堡（Badenburg）和阿玛琳城堡（Amalienburg），最后返回皇宫。沿途您还可以参观人类博物馆（Museum Mensch）和植物园（Natur or Botanical Gardens）。1～1.5个小时 · 热带植物温室内的皇宫咖啡馆（Schlosscafé im Palmenhaus），宫殿入口43号 · 电话：(089) 17 53 09

5 伊尔卡约（Ilkahöhe）远足

乘轻轨从图茨（Tutzing）站出发，您可以到达白色三角标注的伊尔卡约，再经过狭窄的森林小道，登上大约150米（500英尺）的高度。从小山的最高处俯瞰下方，您可以欣赏到壮丽的风景。晴朗的天气里，可以看到巴伐利亚境内连绵的阿尔卑斯山。1.5～2个小时 · Fors-thaus Ilkahöhe, Tutzing · 电话：(08158) 82 42

6 弗海森（Freising）自行车之旅

从英国公园内的阿墨斯特啤酒花园出发，沿着前往弗海森方向的伊萨自行车道，大约经过40公里（25英里），到达位于弗海森的伊萨河上的大桥时，左转向前往维恩施蒂凡（Weihenstephan）的方

伊尔卡约风光

更多旅游线路和地图，请登录：www.muenchen.de；自行车旅游路线图，请登录：www.adfc.de

向。昔日的本笃会修道院（Benedictine monastery）是世界上最古老的酿酒厂。从弗海森站出发，乘1号轻轨返回慕尼黑，距离为2公里（1英里）。2.5～3个小时 · Brä-ustüberl Weihen-stephan · 电话：(08161) 130 04

7 施莱斯海姆皇宫（Schloss Schleißheim）自行车之旅

距离Milbertshofen轻轨站右方大约200米（650英尺），在小公园处北行，沿着自行车道前进，途中部分路段为电车道，朝着Oberschleißheim的方向，这里您还可以稍微休息一下，欣赏一下附近的人文风光，参观新王宫（Neues Schloss）和施莱斯海姆飞机制造厂（Flugwerft Schleißheim）。继续沿着施莱斯海姆运河前进，并到达Garching Hochbrück，乘地铁6号线（U6）返回。2-2.5个小时 · Schlosswirtschaft Oberschleißheim, Maximilianhof 2号 · 电话：(089) 315 15 55

8 自行车之旅：奥林匹克公园到布鲁滕堡皇宫（Schloss Blutenburg）

从奥林匹克公园（见18～19页）骑车沿着宁芬堡运河一直到达皇宫，沿着公园南面的墙继续向西行（公园内不允许骑车），直到到达一个地下通道。通往布鲁滕堡皇宫（国际青年图书馆位于其中）的自行车道被清楚的标明。1.5-2 个小时 · Schlossschänke Blutenburg · 电话：(089) 811 98 08

皇宫的面具施莱斯海姆

9 自行车之旅：沿伊萨河到沙夫特纳恩修道院（Schäftlarn Monastery）

从德意志博物馆（见8～11页）出发，沿着伊萨河自行车道向南行。在绿色森林（Grünwald）稍事休息，并参观这里的城堡，以后继续出发前往沙夫特纳恩修道院。需要注意：森林中有一段路崎岖不平和多丘陵的地带。在Hohenschäftlarn站乘轻轨7号（S7），您可以轻松的返回慕尼黑，距离为3千米（2英里）。2-2.5 个小时 · Klosterbräu Stüberl Schäftlarn, Ebenhausen · 电话：(08178) 36 94

费海森的维恩施蒂凡酿酒厂

10 自行车之旅：沿乌尔姆河（Würm）到史坦贝尔格湖

从帕森（Pasing）轻轨站出发，这条路线从繁华街道的一小段开始，一直到达有明显的自行车道标志的乌尔姆河。沿河向南，经过镐汀（Gauting）到达Leutstetten，您可以在带啤酒花园的漂亮的城堡餐厅中休息一下。在一小段上坡路后，您将经过Mühltal站、高尔夫球场，最终到达史坦贝尔格湖。同样，您可以在史坦贝尔格湖站乘轻轨6号（S6），轻松返回。2-2.5个小时 · Undosa Seerestaura-nt,Starnberg · 电话：(08151) 99 89 30

星期一到星期五的上午6点至9点和下午4点至晚上6点自行车不允许被带进地铁和轻轨，需要补票

世界杯体育场模型

慕尼黑，一个热爱自行车的城市

TOP 10 十大运动与健身方式

1 徒步旅行

在慕尼黑市内和周边，都有许多美丽的徒步旅行路线。（见70页）如果您偏爱极限挑战，还可以选择徒步登上附近的阿尔卑斯山。更多关于徒步路线的信息，您可以联系德国阿尔卑斯山协会（Deutscher Alpenverein）。www.alpenverein.de · 电话：(089)14 00 30

2 串连滑冰

英国公园是非常好的串连滑冰场所，奥林匹克公园内还有专门标出的滑冰道（见18～19页）。爱好集体活动的人们，慕尼黑冰刀之夜（Munich's Blade Nights）将是他们最好的休闲选择。天气允许的情况下，冰刀之夜的活动将从5月到9月的每个星期一晚上，在指定的街道上举行。www.muenchner-blade-night.de

3 慢跑

慕尼黑有许多不同大小的公园（见38～39页），这里是慢跑运动的最佳场所。英国公园内和沿伊萨河畔有最美丽的慢跑路线。如果您不习惯自己一个人慢跑，您可以通过Road-Runners，这是当地的一个协会，找到与您水平相当的跑步者一起运动。www.mrrc.de

4 骑自行车

慕尼黑有全欧洲最好的自行车运动网络，这里还有许多“绿色之肺”，这里远离了汽车尾气和噪音的烦恼，您可以尽情地享受骑自行车的乐趣（见71页）。您还可以从ADFC（德国自行车协会）那里找到最佳的慕尼黑内外自行车游的最佳路线。www.adfc-bayern.de · 电话：(089)55 35 75

5 登山

雄伟的阿尔卑斯山为登山爱好者提供更多释放热情的机会。慕尼黑同样为您提供了许多人工攀岩场地，在您开始真正的挑战时，可以提前在此练习。www.ig-klettern.de

6 高尔夫

高尔夫在慕尼黑和其周边已经成为一项非常受欢迎的运动。高尔夫球爱好者可以在巴伐利亚首府周边的40多个高尔夫球场任意选择。www.golf-eschenried.de

7 沙滩排球

慕尼黑丰富的室内设施，可以确保无论在何种天气，所有爱好者运动热情都可以得到满足。www.robertobeach.de · 电话：(089) 29 16 17 19

8 水上运动

慕尼黑和周边的湖区是热爱水上运动人们的天堂，从游泳、

世界杯体育场 (Allianz Arena)

世界杯体育场位于城市北部的福特曼宁（Fröttmaning），是由两个足球俱乐部联合建立。设计师荷索和德·穆龙（Herzog & de Meuron）设计了的工程方案，建筑物的平滑外观采用一种半透明的钻石形外壳，可以照射出红、白、蓝三种颜色（俱乐部的颜色）。巨大的体育馆可以容纳6.6万名观众，体育馆内还有一个巨大的餐馆区，这里有两个俱乐部餐厅（每个可以接待1500位食客）、家庭餐厅、自助餐厅、新闻食堂、咖啡酒吧。您可以乘坐6号地铁（U6）到达体育场。

更多关于世界杯体育场的信息，请登录：www.allinaz-arena.de

史坦贝尔格湖上菲达芬格（Feldafing）附近的高尔夫球场

划船或帆船到独木舟。上巴伐利亚到处都分布着大小不同的室外游泳池、水库、小的田园池塘和无数的湖泊。www.swm.de

9 冬季运动

城市和其周边吸引着各类冬季运动的爱好者，在这里，人们可以滑冰、滑雪、单板滑雪板或乘雪橇。每位游客在此都能找到他们各自喜爱的冬季运动。www.muen chen.de

10 健身

慕尼黑有各种健身设施，从白天温泉浴场、有机食品超市到健身中心。玛逖尔登浴场（Mathilden-Bad）的土耳其浴是著名的景点。www.hamam.de · www.olympiapark-muenchen.de

十大体育赛事

1 四地滑雪跳台锦标赛 (Vierschanzen Tournee)
世界最著名的滑雪跳台锦标赛，新年那一周时分别在Oberstdorf，GarmischPartenkirchen，Innsbruck和Bischofshofen四地举办。www.vierschanzen.org

2 6日自行车赛 (6-Tage Rennen)
慕尼黑每年最盛大的自行车赛（赛程6天，11月中旬），在奥林匹克大厅内举行。www. olympiaparkmuenchen.de

3 拜仁慕尼黑俱乐部 (FC Bayern München)
慕尼黑最著名的俱乐部，总能稍稍领先其对手狮子俱乐部"the Lions"。· www.fcbayern. de · 电话：(089)69 9310

4 慕尼黑1860俱乐部 (TSV München 1860)
这个慕尼黑足球俱乐部又被其球迷称作"狮子"俱乐部。www.tsv1860.de · 电话：(089) 64 27 85 100

5 宝马国际公开赛 (BMW International Open)
8月在慕尼黑北埃申里德俱乐部（Munich Nord-Eichenried club）举行的高尔夫球锦标赛。· www.gc-eichenried.de · 电话：(08123) 930 80

6 单板滑雪世界杯赛 (Snowboard World Cup)
冬季在奥林匹克公园的小山上举行。www.olympiapark-muenchen.de

7 宝马网球公开赛 (BMW-Open)
春季举办的高水平网球公开赛，由MTTC Iphitos e.V转播。www.iphitos.de · 电话(089) 322 09 03

8 慕尼黑马拉松赛 (Munich Marathon)
这个由媒体举办的马拉松赛在10月举行。www.muenchenmarathon.de

9 赛马会（Horse-Racing）
全年都在慕尼黑达戈芬（Daglfing）马场举行。www. daglfing.de

10 2007年世界划船锦标赛 (2007 World Rowing Championships)
顶级的划手于8月26日到9月2日齐聚慕尼黑。www.regatta.de

冬季宁芬堡的运河是人们非常喜爱的滑冰场

圣体节队伍

升起五朔节花柱

巴德·托尔茨小镇的伦纳德游行

TOP 10 十大慕尼黑及周边地区的习俗

1 莎弗勒舞会（Schäfflertanz）

每隔7年，制桶工人都会进行跳舞表演，以纪念15世纪人们战胜瘟疫。下一届将在2012年举行。在慕尼黑的狂欢节（Fasching）期间举行。

2 市场娶妻跳舞表演（Dance of the Market Wives）

维克图阿连市场上的妇女们身着漂亮的衣服，并跳起舞蹈。慕尼黑，忏悔节（Shrove Tuesday）

3 强啤酒节（Starkbier Season）

由于“斋戒期间可以饮酒”，僧侣们就开始在大斋戒的期间自己酿制啤酒，这个传统一直保留至今。巴伐利亚的“第五季”就从敲开第一桶烈性啤酒的仪式开始，其中最著名的要数在洛凯尔堡酒馆（Nockherberg）举行的Salvator啤酒敲桶仪式。巴伐利亚，3月19号到复活节。

4 五朔节花柱（Maypole）

大部分的巴伐利亚小镇和社区都会在5月1日升起装饰性的五朔节花柱，这个传统开始于中世纪，那时人们认为“生命之树”（Tree of life）会带来成功。夜晚，五朔节花柱由当地的年轻人看护，如果花柱被盗，人们需要准备许多桶啤酒作为交换。巴伐利亚，5月1号。

五朔节花柱装饰

5 圣体节队伍（Corpus Christi Procession）

圣体节队伍游行在巴伐利亚的南部举行（慕尼黑最盛大的游行），以纪念重要的天主教徒斋日。复活节后的第八个星期日后的星期四。

6 烹调舞会（Kocherl Ball）

在每年举行的“烹调舞会”上，身着盛装的人们，早上6点

巴德·托尔茨小镇，伦纳德游行上戴上特别马具的马

为庆祝忏悔节，人们在阿尔卑斯山上举行滑雪狂欢。最著名的是在Firstalm举行的庆祝活动，获胜者还有丰富的奖品

巴德·托尔茨小镇的传统服饰

就在英国公园的中国塔下跳起巴伐利亚华尔兹和波尔卡。这个传统开始于每年为仆人在慕尼黑举办的舞会。慕尼黑，英国公园，7月。

7 伦纳德游行（Leonhardi Procession）

为了纪念圣伦纳德——马的守护神，在巴德·托尔茨、施里尔湖（Schliersee）、慕劳（Murnau）和巴伐利亚的许多小镇，人们骑上马或坐上刷上油漆的马车，上街游行。Oberbayern，11月的第一个星期日。

8 圣婴市场（Christkindlmarkt）

热闹的圣诞节市场上有许多的货摊、好酒和小吃。玛林广场和城市其他许多区域都有举办。巴伐利亚，12月24号开始。

9 山笛、岳得尔歌和拍鞋舞（Alphorn, Yodeling & Schuhplatter）

山笛是放牛者在距离较远时用于联络的工具，岳得尔歌已经形成一种独特的演唱风格，年轻人们跳起民间舞蹈——拍鞋舞。这些传统都是地方民间节日的主要节目。

10 民间服饰

每个地区都有其独特的民间服饰。民间组织为了保留这些传统，举行了各种民间服饰游行活动和节日，如：著名的慕尼黑十月啤酒节。

十大节日

1 除夕（New Year's Eve）

欣赏盛大的焰火表演最好的地方有：巴伐利亚女神雕像、奥林匹克堡、高层建筑和伊萨河最高的河堤。

2 主显节（Epiphany）

1月6号之前的一周内，孩子们装扮成占星师（Three Magi），挨家挨户为慈善筹款。

3 复活节前的第七个星期三（Ash Wednesd-ay）

狂欢节之后，人们开始斋戒，烈性啤酒节开始。

4 复活节（Easter）

人们把复活节蛋藏在赫拉布恩动物园和其他的地方。

5 劳动节（Labour Day）

人们升起五朔节花柱，并在5月1号举行联合游行。

6 圣体节（Corpus Christi）

巴伐利亚天主教最重要的节日。慕尼黑最盛大的游行。

7 感恩节（Thanksgiving）

感恩节和教堂落成纪念日（Kirchweih）是同一天。奥尔秋季交易会（Auer Herbstdult）（见52页）在感恩节这天开幕，同时开幕的还有Almabtrieb，这时阿尔卑斯山夏季牧场上的牛被赶下。

8 万圣节（All Saints' Day）

11月1号，人们装点墓地，点上灯笼。万圣节庆祝活动在前夜已经开始。

9 圣马丁节（St Martin's Day）

手持灯笼，孩子们的游行队伍由一名装扮成圣马丁的骑士带领。烤鹅是这时传统的美食。

10 圣诞节（Christmas）

圣婴市场从降临节（Advent）的第一天开始。12月24号人们举行盛大的午夜聚会。

掷冰壶和力量的比试——又被称作“手指角力”（Fingerhakeln），是巴伐利亚传统的体育运动

S
U

分区逍遥游

慕尼黑十佳

拜仁皇族宫殿中的泉水园

老市政厅

马克西米连大街上的邮局

市中心和老城区

慕尼黑历史悠久的老城区同时也是城市的中心，在这里您可以发现许多古老的建筑——玛林广场（历史中心广场）和拜仁皇族宫殿等。过去，由于东北英国公园和东面伊萨河的阻挡，城市很难扩建。在老城墙内——卡尔门（Karlstor）、伊萨门（Isartor）、剧场广场（Odeonsplatz）和森德林格门（Sendlinger Tor），是主要的购物区。这里有步行区、特阿蒂那大街和马克西米连大街。然而，对游客和当地人而言，玛林广场仍然是城市的中心。

TOP 10 旅游胜地

1. 玛林广场，新市政厅和旧市政厅
2. 圣母大教堂
3. 旧宫殿
4. 老造币厂
5. 马克西米连大街
6. 皇家啤酒馆和大厅
7. 桑科特-雅客布斯广场和市政博物馆
8. 森德林格大街和森德林格门
9. 拜仁皇族宫殿和皇家花园
10. 剧场广场、特阿蒂那教堂和功勋大厅

玛丽恩广场市政厅塔楼上的钟琴

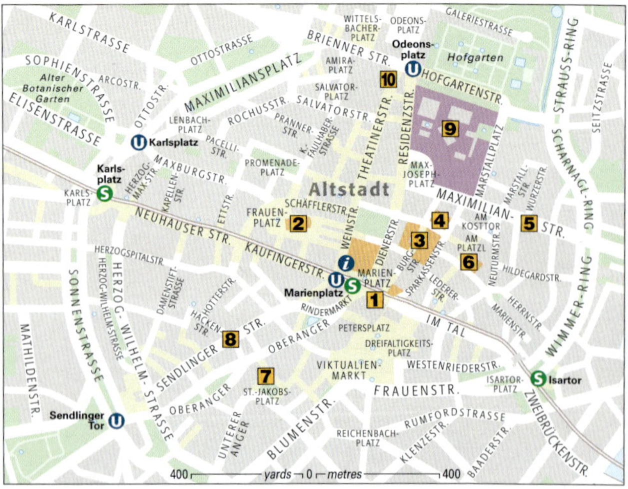

每小时大约有2万名游客游览玛林广场和附近的步行区

1 玛林广场，新市政厅和旧市政厅

1590年的玛利亚立柱(Mariensäule)和玛林广场上的19世纪的鱼泉，是人们喜爱的景点。广场大部分区域被华丽的新市政大厅占据，广场的东侧与15世纪时期建造的简朴的哥特式旧市政厅相连。市政厅塔楼上的钟琴是您不可错过的景观之一。(见26～27页)

镀金的玛利亚立柱

2 圣母大教堂

维恩大街（Weinstraße）是玛林广场旁边的一条小巷，一直通向圣母大教堂。这座长方形的教堂是由爵格·封·哈尔斯巴赫（Jörg von Halsbach）设计。建造资金的不足使他放弃了哥特式塔楼的设计。瑞士风格的顶盖是后来在塔楼上增加的，这也许是巴伐利亚所有洋葱式圆顶的第一次尝试。教堂内的重点是帝王的皇陵、赫拉丝姆斯·格拉斯雕刻(Erasmus Grasser's carving)和圣克里斯多夫雕像。(见27页)

3 旧宫殿 (Alter Hof)

1253年到1255年间，在城墙间修建。这里以前是维特尔斯巴赫王朝（The Wittelsbach Dynasty）的行宫，位于玛林广场的东北角。这里尽量保持了以前的风貌，西翼的门房装饰着家族的盾徽。被称作“猴塔”(Affenturm)的八角窗是另一个古朴的元素。据说，皇宫内的一只猴子将年轻的路德维希四世——未来德意志王国的皇帝——绑架，它带着小男孩爬到塔顶，又安全的回到地面。·Burgstr. 4号·地图L4·开放时间：星期一到星期四上午8点至下午4点30分(星期五到下午2点)

旧宫殿的猴塔

4 老造币厂 (Alte Münze)

旧宫殿的东北角是老造币厂（1567年），这里是以前巴伐利亚统治者的皇家马厩。文艺复兴时期庭院内的每层楼上都盖有拱形顶棚的通道，这里不仅有马厩和马车房，还有图书馆和阿尔布雷特五世（Albrecht Ⅴ）的珍宝收藏厅。19世纪开始，这个综合建筑变成了国家造币厂，后被称作老造币厂。直到1983年，这里仍然在铸造硬币。·Hofgraben. 4号·地图L4-M4·全年开放

老造币厂文艺复兴时期的拱形顶棚通道

5 马克西米连大街

马克西米连二世在1852年到1855年间修建了这条具有纪念意义的大街。大街从马克斯·约瑟夫广场（Max-Joseph-Platz）一直延伸到奥斯达令（Alstadtring）(见66～67页)，这里是世界上最商品种类最齐全的大街之一。在繁华的商业街，各类奢侈品精品店，如：阿玛尼（Armani）、香奈儿（Chanel）和Jill Sander，都在此出售有精美的商品。除此之外，您还能在此找到四季酒店（Hotel Vierjahreszeiten）、议会剧场（Kammerspiele）和2003年秋天新建成

您可以选择登上市政大厅的塔楼、圣母大教堂南面的塔楼或是圣彼得大教堂的塔楼，在此您可以观赏到老城最美丽的景色

皇家啤酒馆

的马克西米连广场购物中心（Maximilianhöfe）（见67页）。大街的尽头是庄严的公共建筑。 · 地图M4

6 皇家啤酒馆（Hofbräuhaus）和大厅

慕尼黑最著名的酒馆建立于1896年，曾经是皇家宫廷酿酒厂，并由威廉五世在1598年建造。酒馆的底层可以招待1000位客人，皇家啤酒当然是这里主要的饮料，每天有1万多升（2600加仑）啤酒被喝掉。第二层是半圆形拱顶的宴会大厅，综合建筑内还有一家美丽的小型啤酒花园。穿过附近迂回的街道，如：布尔克大街（Burgstrasse），您可以欣赏慕尼黑最古老的街区之一。 · Am Platzl 9号 · 地图M4 · 电话：（089）22 16 76 · www. hofbraeuhaus. de

7 桑科特-雅客布斯广场（Sankt-Jakobs-Platz）和市政博物馆（Stadtmuseum）

现在这里正在建设之中，未来将成为新的犹太教堂、博物馆和社区中心。广场这里还建有市政博物馆，博物馆一共有6幢建筑，包括皇家马房（Marstall）和以前的兵工厂（Zeughaus）。1954年这里被重新命名为市政博物馆。馆内不仅有永久性的馆藏，还有经常更换的展品。电影博物馆尤其因为播放无声电影，在国际享誉盛名（见36页或54页）。伊格纳·茨格伦瑟大楼（Ignaz-Günther-Haus）位于广场的西侧，是著名的洛可可雕刻家的工作室。 · 桑科特-雅客布斯广场（Sankt-Jakobs-Platz）1号和15号 · 地图L5 · www. muenchen.de/stadtmuseum

8 森德林格大街（Sendlinger Straße）和森德林格门（Sendlinger Tor）

这里以前是慕尼黑最古老的零售商品区之一，销售区的商铺都是一个家庭世袭的产业。近年来，森德林格大街的市场越来越被奢侈品所占领。如果您喜欢折衷的体验，您可以进入附近的街道和商业区，并把商店里的商品彻底地浏览一番。您一定不能错过该区洛可可建筑的经典之作：阿桑教堂（见27页或40页）和位于森德林格大街34号的阿桑故居（Asamhaus）。埃基德·库尔林·阿桑（Egid Quirin Asam）获得了这座建筑（不幸的是它离公共区域很近），并根据自己的需要进行了改建。从房间中的其中一扇窗户可以直接看到阿桑教堂中高高的圣坛。中世纪城墙中幸存的一段——被藤蔓覆盖的森德林格门，是大街的尽头。 · 森德林格大街（Sendlinger Str）34号和62号 · 地图K5

埃基德·库尔林·阿桑

9 拜仁皇族宫殿和皇家花园

拜仁皇族的宫殿（见39页）

剧场（Odeon）

位于剧场广场3号，以前的剧场曾经是富有魅力的音乐厅，这里是由路德维希一世从防御资金中调出的资金建立，为此他遭到了内阁的强烈反对。建筑物在1828年由科仑册（Klenze）修建，在二战中遭到破坏。战后，只有围绕内部庭院的墙恢复了以前的高度。目前，这座综合性的建筑是内政部（the Ministry of Interior）所在地。

更多关于新犹太中心的信息，请登录：www.juedisches-museum.muenchen.de

从巴伐利亚州政府官邸眺望皇家花园

是慕尼黑规模最大的历史建筑，它位于皇家花园的附近，官殿内有美丽的植物和拱廊。花园的北部与巴伐利亚州政府官邸（Chancellery）（1989年～1993年）相连，这里还与一座军事博物馆的废墟相邻。官殿一边的玻璃后可以清晰的看到16世纪城墙的一段残骸和花园。·地图L3-L4和M3-M4

10 剧场广场、特阿蒂那教堂（Theatinerkirche）和功勋大厅（Feldherrnhalle）

豪华的官殿曾经占据了拜仁皇族的官殿和特阿蒂那教堂之间的地区（见27页和40页）。1800年开始，人们为了修建路德维希大街（Ludwigstraße），将老的防御工事拆除。由于观察角度的不同，您可以认为这条大街从剧场广场和功勋大厅开始，也可以认为是它们的尽头。巴伐利亚陆军元帅缇利（Tilly）和威赫德（Wrede）的雕像陈列在凉廊合适的位置。·地图L3

功勋大厅和拜仁皇族官殿一景

老城区一日游

早上

从玛林广场出发，穿过步行区，至马查理街（Mazaristr.），最终到达圣母大教堂（见79页）。继续沿着玛法大街（Maffeistr.）向北，到达第五广场购物中心（见66页），沿着特阿蒂那大街步行到剧场广场，这里还有特阿蒂那教堂和功勋大厅。在汤博司咖啡馆（Tambosi Cafè）来上一杯不错的咖啡，同时您还可以欣赏皇家花园的美丽风景。您将花上半天的时间游览拜仁皇族的官殿，这样可以有更多的时间探寻官殿内部庄严的庭院。穿过官殿大街（Residenzstr.），来到马克斯·约瑟夫广场（MaxJos-eph-Platz），接着游览马克西米连大街上的各类商店。从蒂勒大街（Di-ener-str.）返回玛林广场，途中经过旧官殿和Plaztl。正好在中午11点可以欣赏钟琴表演。沿着Tal街，到达10号街上的白色啤酒屋（Weißes Bräuhaus），这里您可以饱餐一顿传统的巴伐利亚美食。

下午

午饭以后，您可以登上圣彼得教堂的顶部（见26页），这里您可以欣赏到壮丽的老城区全景。然后，穿过建有中世纪的狮子钟楼（Löwenturm）的林达市场（Rindermarkt），再向右进入森德林格大街。尽管阿桑故居（34号街）特别靠近公共区域，阿桑教堂（62号街）内部后巴洛克的建筑将令你大开眼界。继续向左行，您将来到桑科特-雅客布斯广场、市政博物馆和即将建成的犹太教堂。在Stadtcafé喝上一杯下午茶。转过维克图阿连市场（Viktualienmarkt），向东走到伊萨门和华伦廷博物馆（Valentin-Musäum）（见82页），或向南到达花匠广场（Gä-rtnerplatz）区，这里有许多的酒吧和酒馆。

更多关于功勋大厅和Putsch of 1923啤酒厅的信息，请登录：www.shoa.de/hitlerputsch.html

花匠广场上的花匠广场剧场

卡尔广场

艺术者之家

TOP 10 十佳景点

1 伊萨门和华伦廷博物馆 (Valentin-Musäum)

为纪念慕尼黑之子卡尔·瓦伦汀 (Karl Valentin) (1882年～1948年)，而修建的华伦廷博物馆位于伊萨门(14世纪)南面的塔楼内。塔楼内的小房间装饰成19世纪时期的风格，内部还有一个咖啡馆。Im Tal 77号 · 地图M5 · 开放时间：星期一到星期二和星期五到星期六上午11点至下午5点；星期日上午10点至下午6点 · 门票 · www.valentin-musaeum.de

2 主教宫殿和帕莱斯·波西娅 (Episcopal Palace & Palais Portia)

主教官殿(1733年～1737年)是唯一保留的François Cuvilliés设计的城市官殿。旁边是巴洛克式的帕莱斯·波西娅官殿。Kardinal-Faulhaber街7号 bzw.12号 · 地图L4 · 靠近公共区域

3 文学之家 (Literaturhaus)

文学之家位于萨尔法脱广场(Salvatorplatz)，这里以前是文艺复兴时期的学校，现在是文人墨客聚会的地方。底层是著名的杜卡茨咖啡馆(Dukatz)。Salvatorplatz 1号 · 地图L3 · www.literaturhausmuenchen.de

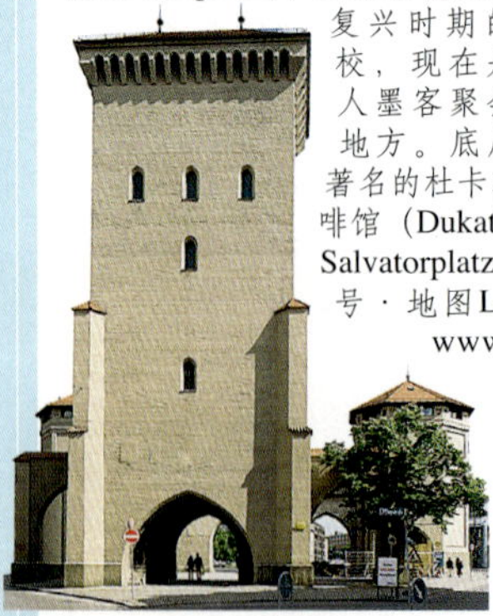

伊萨门和华伦廷博物馆

4 维特尔斯巴赫广场 (Wittelsbacher Platz)

布里恩内大街 (Brienner Straße) 从剧场广场一直延伸到维特尔斯巴赫广场。这里以一座官殿和马克西米连一世的雕像为特色。地图L3

5 漫步广场 (Promenadeplatz)

在中世纪的时候，这个狭长的广场曾经作为盐市。北边是著名的巴伐利亚皇家酒店 (Bayerischer Hof Hotel) 和蒙特哥拉斯官殿 (Montgelas palace)。地图K4-L4

6 艺术者之家 (Künstlerhaus)

这里是19世纪初艺术家聚会的地方。艺术者之家(1892年～1900年)位于冷巴赫广场上(Lenbachplatz)内，底层是Mövenpick咖啡馆和一家餐厅。地图K3-K4

7 司法行政部 (Justizpalast)

史达胡斯广场(Stachus)上最主要的建筑，是Friedrich Thiersch在1898年完成。地图J4

8 卡尔广场 (Karlsplatz)

又被称作史达胡斯广场(Stachus)，广场有巨大的喷泉，并一直延伸到卡尔门，标志着步行区的尽头。地图J4

9 花匠广场

位于慕尼黑同性恋区，19世纪美丽的六边形广场上建有花匠广场剧场。地图L5

10 马克斯·约瑟夫广场 (Max-Joseph-Platz)

广场从1820年开始，从国王大楼(Königsbau)和国家剧院一直修建到拜仁皇族官殿的南部。地图L4

文学之家内的杜卡茨咖啡馆(Dukatz)(见84页)出售德国生产的印有奥斯卡·玛丽亚·格拉夫(Oskar Maria Graf)引文的茶杯和茶托

施航伦市场　阿洛伊斯·达尔梅尔商场　忽根杜贝尔书店

TOP 10 市中心区购物提示

1 施航伦市场 (Schrannenhalle)
这个老市场最近进行了翻修和重建。150年历史的玻璃钢结构的建筑内是各式各样工艺制品的天下。维克图阿连市场（Viktualienmarkt）15号·地图L5

2 拉贝克商场 (L Beck am Rathauseck)
商场内有各种类型的时尚新款女式内衣、文具和音乐供您选择。玛林广场11号·地图L4

3 玛林广场上的忽根杜贝尔书店（Hugendubel, Marienplatz)
慕尼黑最大的书店。在史达胡斯广场（Stachus）、第五广场购物中心（Fünf Höfe）和其他地方设有分店。玛林广场·地图L4

4 阿洛伊斯·达尔梅尔商场 (Alois Dallmayr)
您一定不能错过这家以前的宫廷供货商的店。商场底层有不错的美食和咖啡，二层是一家餐厅。蒂那街（Dienerstrasse）14-15号·地图L4

5 塔尔街上的边穆勒家具城 (Böhmler im Tal)
小但是精致的家具城，这里还设有家庭装饰和礼品部。塔尔广场（Im Tal）11号·地图L4

6 拜仁慕尼黑和慕尼黑1860足球俱乐部球迷商店（Fan Shops for FC Bayern & TSV München 1860 Football Clubs)
店内出售队服。出售当地两个俱乐部纪念品的商店都位于皇家啤酒馆（Hofbräuhaus），并几乎直接面对着面。Orlandostr. 1号和8号（Platzl附近）·地图M4

7 爱丽·赛德巧克力 (Elly Seidl)
您认为比利时生产最棒的巧克力吗？那您一定没有试过爱丽·赛德巧克力。Maffeistr. 1号和Am Kosttor 2号·地图L4-M4

8 协克体育用品店 (Sport Scheck)
高品质的体育用品百货公司，4000平方米（4万3千平方英尺）的零售厅内出售各种与体育有关的器具和服装。Sendlinger街6号·地图L4

9 科空家具（Kokon)
来自亚洲的装饰品和工艺品，包括各种古董、植物和书刊。家庭装饰用品和其他地下室用品。冷巴赫广场（Lenbachplatz）3号·地图 K3-K4

10 罗登·弗莱布业 (Loden Frey)
罗登不仅仅是一种布料，它也是一种生活方式。罗登布也因其坚韧的材质世界闻名。现在，这种布不仅用于传统巴伐利亚服饰的制造，也同样引领着国际流行趋势。Maffeistr. 7-9号·地图L4

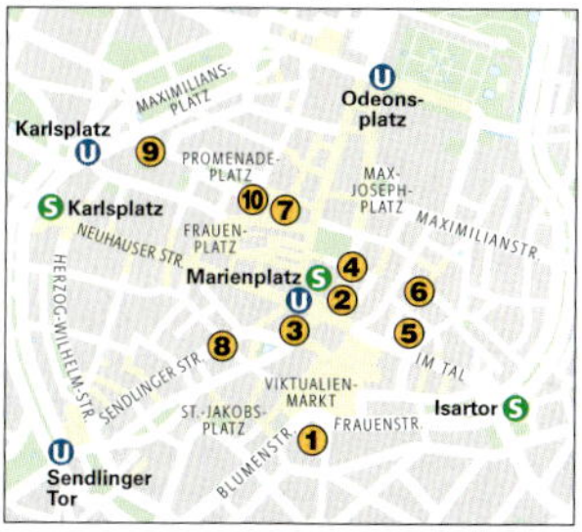

更多关于购物区和新的零售市场的信息，如：第五购物广场和马克西米连广场，见66～67页

霍玛咖啡酒吧的露天餐桌

杜卡茨咖啡馆

城市咖啡馆的小院

TOP 10 咖啡馆和酒吧

1 理查德咖啡馆（Café Rischart）
传统的白天咖啡馆，出售有可口的果冻炸面圈和美味的糕点。玛林广场（Marienplatz）18号 · 地图L4

2 杜卡茨咖啡馆（Dukatz）
咖啡馆内的文学氛围浓厚，餐具上都印有奥斯卡 · 玛丽亚 · 格拉夫（Oskar Maria Graf）的引文。咖啡馆内最佳的就餐地点是画廊或夏季店外的露天餐厅。Salvatorplatz 1号 · 地图L3

3 舒曼白天酒吧（Schumann's Tagesbar）
具有传奇色彩的舒曼酒吧位于第五购物广场上。动感而现代。只在白天营业。Maffeistr. 6号 · 地图L4

4 市政博物馆内的城市咖啡馆（Stadtcafé im Stadtmuseum）
这里是博物馆游客和时尚一族经常光顾的地方，同时，咖啡馆内啤酒花园是慕尼黑最美丽的庭院之一。这里不仅提供酒类饮料和简单的饮食，同时还出售咖啡和点心。您还能在此品尝到不错的午餐。圣雅客布斯广场（St-Jakobs-Platz）1号 · 地图L5

5 汤博司咖啡馆（Tambosi）
位于皇宫花园内，这里有正宗的意大利咖啡。它是由来自意大利特伦托（Trento）的Luigi Tambosi建立，是慕尼黑最古老的咖啡馆之一（见61页）。剧场广场（Odeonsplatz）18号 · 地图L3

6 中心酒吧（Bar Centrale）
别致的意大利全天营业餐厅，早上提供香浓的咖啡，晚上这里有美味的鸡尾酒。Ledererstr. 23号 · 地图L4

7 史特海弗里施特咖啡馆（Café Streiflicht）
咖啡馆位于《南方德国》（Süddeutsche Zeitung）日报社大厦内，是大厦内记者和购物者经常光顾的地方。咖啡馆根据报纸上一个长期的专栏命名。仅在白天营业。Sendlinger Str. 8号 · 地图K5

8 霍玛咖啡酒吧（Roma）
这家装饰为黑红色的咖啡酒吧是德国影视明星Iris Berben经营的。这里有迷人的夜景和“美丽的人们”。露天餐桌。Maximilianstr. 31号 · 地图 M4

9 浦瑟酒吧（Pusser's）
古典钢琴酒吧和长期的传统。提供200多种鸡尾酒。Falkenturmstr. 9号（Platzl附近）· 地图M4

10 巴利斯塔酒吧（Barista）
位于第五广场购物中心的地下酒吧。白天为您提供午餐和简单的食物，晚上出售鸡尾酒。Kardinal-Faulhaber街11号 · 地图L4

更多关于酒吧、咖啡馆、餐厅、酒馆和啤酒花园的信息，请见24～25页、50～51页、58～65页

Weinhaus Neuner餐厅

价格分类		
供单人享用的三道菜，	€	30欧元以下
加上一杯啤酒	€€	30～40欧元
或酒（或同等的食物），	€€€	40～50欧元
税费和	€€€€	50～60欧元
服务费	€€€€€	60欧元以上

TOP 10 餐馆

1 Altes Hackerhaus
餐厅位于1832年修建的当时作为酿酒厂的大厦内，这里提供丰盛的巴伐利亚美食。美丽的喷泉庭院。达森德林格大街（Sendlinger Str.）14 · 地图K5 · 电话：(089) 260 50 26 · 营业时间：每天上午9点至午夜12点 · www.hackerhaus.de · €

2 Braunauer Hof
餐厅位于伊萨门附近，这里有美丽的露天花园餐厅和传统的巴伐利亚美食。Frauenstr. 42号 · 地图L5 · 电话：(089) 22 36 13 · 营业时间：上午9点至午夜12点，星期日休息 · €-€€

3 Andechser am Dom
接近皇室的纯正巴伐利亚风格餐厅。提供Andechser啤酒。Weinstr. 7号 · 地图L4 · 电话：(089) 29 84 81 · 营业时间：每天上午10点至凌晨1点 · €

4 Hundskugel
慕尼黑最老的餐厅（1440年）。提供国际风味的巴伐利亚的美食。午餐价格合理。Hotterstr. 18号 · 地图K4 · 电话：(089) 26 42 72 · 营业时间：每天上午9点至午夜12点 · €

5 Paulaner im Tal
传统餐厅，巴伐利亚菜式，份量较大。午餐价格合理。塔尔街（Im Tal）12号 · 地图L4 · 电话：(089)219 94 00 · 营业时间：每天上午10点至凌晨1点 · 无轮椅专用通道 · €

6 Buffet Kull
精致的法国大餐，轻松的小酒馆风格。Marienstr. 4号 · 地图M5 · 电话：(089) 22 15 09 · 营业时间：每天早上6点至凌晨1点 · €€-€€€

7 Blaues Haus
餐厅内部装修虽然简单，但是这里传统的德国南部和奥地利美食绝对一流。Hildegardstr. 1号 · 地图M4 · 电话：(089) 23 336 977 · 营业时间：星期一到星期六上午11点至凌晨1点，星期日下午5点至凌晨1点 · www.blaueshaus.de · €-€€

8 Weinhaus Neuner
慕尼黑最古老的酒餐厅（1852年），创新性的美食和高品质的午餐。Herzogspitalstr. 8号 · 地图K4 · 电话：(089) 260 39 54 · 营业时间：星期一到星期六上午11点30分至下午2点和下午5点30分至午夜12点 · 无轮椅专用通道 · €-€€

9 Sakura Sushi Bar
餐厅提供各种组合的正宗寿司，同时还有烹调的美食。Prannerstr. 1号 · 地图L4-L5 · 电话：(089) 22 801 472 · 营业时间：每天上午11点至下午3点和下午5点至凌晨1点 · €-€€

10 Prinz Myshkin
不错的素食餐厅。无烟区。Hackenstr. 2号 · 地图K5 · 电话：(089) 26 55 96 · 营业时间：每天上午11点至午夜12点 ·

注：除非专门说明，大部分的餐厅都提供信用卡服务和有轮椅专用通道

巴伐利亚国家图书馆

艾恩米勒大街大厦上的新艺术运动装饰

施瓦宾格区和大学区

包括施瓦宾格区、马克西米连博物馆区（Maxvorstadt）和雷尔（Lehel）边缘在内的地区，覆盖了路德维希大街（Ludwigstraße）左右两侧的街道和雷奥泊德大街（Leopoldstraße）的全部区域。19世纪开始，老城区以北和剧场广场西面的扩建工程从马克西米连博物馆区开始发展，再向郊区开发。这里有数不清的博物馆、大学、工艺学校、学院和图书馆。施瓦宾格区是位于城市北部的牧歌式郊区。这里从19世纪末开始，发展成为艺术家和文学家居住的著名地区。即使是今天，您仍然可以感受到这个地方的活力，这里也是德国新艺术运动的中心。

TOP 10 十大景点

1. 路德维希大街和凯旋门
2. 路德维希教堂
3. 巴伐利亚国家图书馆
4. 路德维希-马克西米连大学
5. 造型艺术学院
6. 雷奥泊德大街和慕尼黑自由区
7. 英国公园
8. 国王广场周边
9. 博物馆区
10. 奥林匹克公园

老辛波餐厅的标志，当地艺术家的酒馆

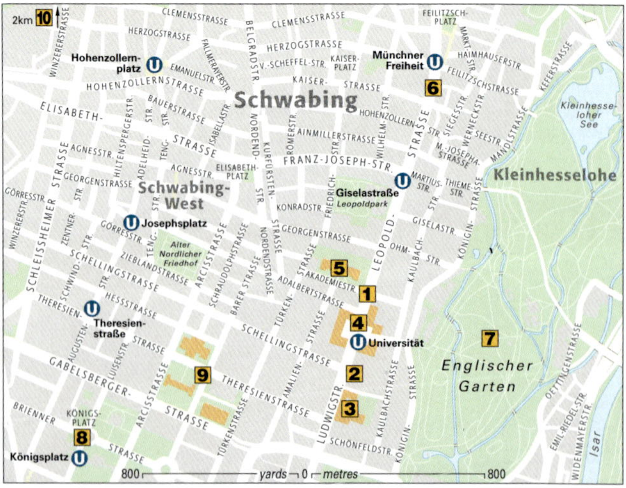

更多施瓦宾格区的景点信息，请登录：www.muenchen.de

1 路德维希大街和凯旋门 (Ludwigstraße & Siegestor)

老城区的城墙拆除后，路德维希一世授权，修建了这条意大利文艺复兴时期风格的街道——路德维希大街，十分具有纪念意义(1815年～1850年)。这条了不起的大街南面连接着功勋大厅（见81页），北面是凯旋门（Siegestor）。凯旋门根据罗马君士坦丁(Constantine）的拱门建造，门的上方矗立着端坐在四匹狮子拉着的战车上的巴伐利亚女神雕像。该门是为纪念巴伐利亚军队的胜利游行而修建的，二战中被损坏，后来又重新修建。1958年的题字写道："纪念胜利，战争中损毁，祈求和平"。地图L3-M1

2 路德维希教堂（Ludwigskirche)

设计成意大利罗马风格的路德维希教堂（1829年～1843年)，有世界上第二大的教堂壁画。(见40页)

3 巴伐利亚国家图书馆（Bayerische Staatsbibliothek)

巴伐利亚国家图书馆是德国第二大的市政图书馆，这里有六百多万册图书和七万份手稿，同时，这里还有许多珍贵的手抄文件和印刷品。图书馆的重点是阿尔布雷特五世（Albrecht V）和威廉五世（Wilhelm V）16世纪的收藏。今天的建筑是F von Gärtner（1832年～1843年）修建的意大利文艺复兴时期的宫殿。Ludwigstr. 16号 · 地图M2 · www.bsb-muenchen.de

凯旋门

4 路德维希-马克西米连大学 (Ludwig-Maximilians-Universität)

路德维希一世将15世纪的大学从英荀城（Ingolstadt）迁到了慕尼黑。大学的主楼正对着葛施韦斯特 · 肖尔广场（Geschwister-Scholl-Platz)，周围是教职工楼。Geschwister-Scholl-Platz · 地图M2 · www.unimuenchen.de

5 造型艺术学院（Akademie der Bildenden Künste)

艺术学院是在1808年到1886年间修建的，属于意大利新文艺复兴时期风格的建筑。1900年前后在这里学习现代艺术的学生包括：Kandinsky、Klee、Kubin和Marc. Akademiestr. 2号 · 地图 M1 · www.ad bk.de

路德维希-马克西米连大学中的喷泉

大学主楼的天井内到处都张贴着为纪念白玫瑰运动（White Rose）而张贴的海报

强纳生·伯罗夫斯基的雕塑作品“行走的人”

6 雷奥泊德大街和慕尼黑自由区（Leopoldstraße & Münchner Freiheit）

穿过凯旋门，您将进入施瓦宾格区和该区主要的步行廊——雷奥泊德大街。大街两侧现在主要被商店、露天咖啡馆和快餐店占领，街道在经过新的一代电影人、学生和豪放不羁的艺术家的改建定性后，已经失去了原有的20世纪60年代和70年代的风貌，但是还仍然保留着一些有趣的小地方。这里其中一个重要的景观是艺术家强纳生·伯罗夫斯基（Jonathan Borofsky）的雕塑作品“行走的人”（Walking Man）（1995年），它位于艾恩米勒大街（Ainmillerstraße）36号，是一座高17米（55英尺）的现代雕塑作品。慕尼黑自由区北方的尽头，有一个与这里同名的咖啡馆，夏季，人们把桌椅摆放在比真人稍大的演员赫尔穆特·菲舍尔（Helmut Fischer）的雕像下。在雷奥泊德大街旁边的一些小巷，您还可以发现许多保存完好而美丽的新艺术运动时期的房子，尤其是在乔登大街（Georgenstraße）（街道：8～10号）和艾恩米勒大街（Ainmillerstraße）（街道：20、22、33、34、35和37号）。您还可绕路来到凯撒大街（Kaiserstraße），一睹建立时期（Foundation Period）漂亮的建筑群。霍亨错伦大街（Hohenzollernstraße）和马克西米连博物馆区（Maxvorstadt）的部分，由先令街（Schellingstraße）、图尔肯街（Türkenstraße）和巴赫尔街（Barerstraße）连接，这里挤满了各种搞笑和怪诞的精品店（见91页）。几乎所有雷奥泊德大街南面的小巷都通向英国公园。地图F3-G2

新艺术运动装饰

7 英国公园（Englischer Garten）

施瓦宾格区的“后院”是德国最大的城市公园，这里提供丰富的休闲娱乐活动，您可以漫步其中，也可以在啤酒花园（中国塔和Hirschau）内畅饮，同时这里也是您慢跑和划船的好去处，冒险爱好者还可以选择在人造溪流（Eisbach）上，感受小岩石溪流中冰凉的水。慕尼黑自由区南面大部分的街道几乎都能直接通向小黑泽罗尔湖（Kleinhesseloher See）和湖上的啤酒花园（见38页）。

8 国王广场周边（Around Königsplatz）

慕尼黑的皇家广场又称国王广场，归功于路德维希一世和建筑师雷奥·封·科仑册（Leo von Klenze）的想象力。希腊门楼（Propyläen）（多利安式Doric）和希腊博物馆（Glyptothek）（爱奥尼亚式Ionic）内收藏着大量宏伟的雕塑作品。文物博物馆（Antikensammlung）（科林斯式Corinthian）收藏着许多1816年到1862年间的文物（见36页）。冷巴赫艺术馆（见36页）

青年风格（Jugendstil）

慕尼黑是德国新艺术运动—青年风格艺术的诞生地。1896年，艺术杂志《青年》（“Youth”）首次发行，同时该运动以该杂志命名。青年风格艺术以起伏的卷状物和植物主干的装饰和线性风格为特点。100多位艺术家参加了反对以著名画家弗兰茨·封·冷巴赫（Franz von Lenbach）为主流艺术的运动。

→ 史达客别墅博物馆（Villa Stuck）中收藏着各种新艺术运动的典范（见37页），更多关于新艺术运动之旅的信息，请登录：www.stattreisen-muenchen.de

国王广场上雷奥·封·科仑册修建的希腊门楼

位于希腊门楼的正后方；下一街区落着恐龙博物馆（见37页）。在东边，国王广场和卡洛林广相连。中央的方尖塔是纪念拿破仑俄国战争中牺牲的巴伐利亚士兵。纳粹统治期间，国王广场用于举行集会和游行。另一个这一时期的遗迹，是今天的“音乐和戏剧学会”，当时，这里被称为“领袖大楼”（Füher-Bau），在这里签定了臭名昭著的“慕尼黑协会”，今天这座庄严的广场成为人们夏日举办露天活动的场所。地图J2-J3

9 博物馆区 (Museum District)

巴赫尔街（Barerstraße）上的国王广场（Königsplatz）附近有三个大型的艺术陈列馆（Pinakotheken）（见14～17页）。这里还将新建更多的博物馆。Map K2-K3

10 奥林匹克公园 (Olympiapark)

该公园是为迎接1972年的夏季奥运会而修建的，这座大型公园和其北部的综合性建筑已经成为慕尼黑最主要的运动和休闲综合性公园。（见18～19页）。

Pacelli-Palais——新艺术运动的施瓦宾格风格

大学区一日游

早上

您可以在慕尼黑自由区咖啡馆（Café Münchner Freiheit）以完全闲游的方式开始一天的旅游。然后，漫步在雷奥泊德大街上，转入凯撒街（Kaiserstr.），这里有好看的建筑。列宁（Lenin）曾在46号街道居住。在凯撒广场上，沿着腓特列街（Friedrichstr.），直到艾恩米勒大街（Ainmillerstr.），这里有各式新艺术运动的建筑（街道：20～37号）。继续沿着腓特列街，到乔登大街8号（Georgenstr. 8）和建筑物Palais Bissing旁边的Palais Pacelli。再从这里返回雷奥泊德大街，并来到凯旋门附近的艺术学院。走进大学，穿过主楼的天井，您将进入艾恩米勒大街附近的学生区，这里有许多的咖啡馆和餐厅。如果您对法式菜感兴趣，您可以试试艾恩米勒街道上一家非常不错的餐厅Terrine。

下午

下午的旅程可以视天气和您的喜好而定，您可以选择自然风光或是人文景观。如果您喜欢户外活动，您可以选择到英国公园中漫步（见70页），或者到啤酒花园中畅饮。爱好艺术您可以从艾恩米勒大街转入先令街（Schellingstraße），在步行至巴赫尔街，这里通向三个大型的艺术陈列馆（Pinakotheken）（见14～17页）。欣赏艺术之后，您可以在其中的一家咖啡馆休息一会儿（您可选择新艺术成列馆或是现代艺术陈列馆）。在国王广场的希腊博物馆（Glyptothek），也有一家不错的咖啡馆。如果您喜欢散步，您可以在这里的雕刻收藏中探宝，也可走进邻近的文物博物馆（Antikensammlung）。

20世纪20年代，许多艺术家，如：Rilke，Gabriele Münter，Kandinsky和Klee，都曾在艾恩米勒大街（Ainmillerstaße）居住

凯撒广场上的圣乌苏拉教堂

伊丽莎白广场上的市场

宝马博物馆

TOP 10 十佳景点

1 艾略瑟教堂（Erlöserkirche）

这座新艺术运动风格的新教教堂，位于慕尼黑自由区的北部尽头。慕尼黑自由区（Münchner Freiheit）· 地图G2

2 维德肯特广场（Wedekindplatz）

这里曾经是施瓦宾格区的中心，位于菲利茨街（Feilitzschstraße）上的广场现在正不断地变小。1962年，这里爆发了“施瓦宾格暴动”（Schwabinger Krawalle）（见35页）。地图G2

3 伊丽莎白广场（Elisabethplatz）

广场是施瓦宾格区的一部份，根据奥地利女皇而得名。这里的市场开始于1903年，是继维克图阿连市场之后慕尼黑最大的市场。地图F3 · 市场：星期一到星期五上午10点至下午4点；星期六上午7点至中午12点（有的时候更晚）

4 老北方公墓（Alter Nördlicher Friedhof）

这座公墓开始于1866年，但是这座公园式的公墓并无病态。后来，这里成为公众休闲和放松的地方。孩子们喜欢在墓碑间的草坪上嬉戏，大人们则更喜欢在树下的长椅下乘凉。Zwischen Ziebland-, Arcis-, Adalbert- & Luisenstr. · 地图F3

5 鹿特珀德公园（Luitpoldpark）

这座公园是在二战的废墟中建立起来的。巴洛克式的颁伯格大厦（Baroque Bamberger Haus）的餐厅内，有着华丽的饭厅和漂亮的露台。天气好的时候，游客可以在露天餐桌进餐（见38页）。

6 尼科莱广场和塞德别墅（Nikolaiplatz & Seidlvilla）

这座宁静的广场位于凯旋大街（Siegesstraße）和约瑟夫大街（Josephstraße）的交叉点上。塞德别墅（1905年）现在是阅读、音乐和展览的中心。地图G2 · www.seidlvilla.de

7 凯撒广场和凯撒大街（Kaiserplatz & Kaiserstraße）

俄国表现派画家瓦斯利·康丁斯基（Vasili Kandinsky）曾在画布上表现了圣乌苏拉教堂（St Ursula's）的轮廓。凯撒大街上到处都是“建立时期”的建筑。1902年，列宁曾在这条街的46号居住。地图F2

8 宝马博物馆（BMW-Museum）

四环式立体交叉形设计的宝马大厦和旁边的银色碗圆形建筑正进行整修，到2007年中旬重新向游人开放。那时，展示汽车发展史的展品将在新建的地球大厅（Earth Lounge）中亮相（奥林匹克塔内的多层停车库）。Petuelring 130号 · 地图E1 · 开放时间：每天上午10点至晚上10点（冬季晚上8点闭馆）

9 水晶王国博物馆（Museum Reich der Kristalle）

该博物馆与现代艺术陈列馆相邻，这里展出着大量的水晶和矿石收藏品。地图L2

10 王子大街上的博物馆（Museums on Prinzregentenstraße）

王子大街上部的街道上有艺术殿堂、德国国家博物馆和沙科画廊（见36～37页）。

伊丽莎白广场上有一家小而舒适的市场咖啡馆

雷姆库尔书店

日式精品店—来自日本的新旧珍宝

TOP 10 精品店和商店

1 雷姆库尔书店 (Buchhandlung Lehmkuhl)

这家位于雷奥泊德大街上的精品书店内有许多不错的存书。这里还经常举行作者阅读的活动。雷奥泊德大街(Le-opoldstr.45)·地图G3

2 那特沙·米勒时尚店 (Natascha Müllerschön)

不张扬和优雅的设计时尚，还有为特殊场合专门设计的服饰。绝对值得一饱眼福的地方。Franz-Joseph-Str. 21号·地图F3

3 安娜·肯森服装店 (Ane Kenssen)

在此可以以不菲的价格买到高品质和具有异国风情的针织品。Ane Kenssen服装店绝对能满足各位女士的需要。Hohenzo-llernstr. 47号·地图F2

4 日式精品店 (Japanalia)

从日本的茶具到工艺品、和服和家具，日式精品店内有品种齐全的新、旧和古文物收藏。He-rzogstr. 7号·地图F2

5 自由人书店 (Autorenbuchhandlung)

正如这家书店的店名所表达的一样。这家书店是由许多不愿意受到图书市场化影响的作家建立的。这里经常举办一些作家阅读活动。Wilhelmstr. 41号·地图F2

6 玛莎拉家居店 (Mashallah)

来自东方的家庭用品装饰店。它是著名的科空家具(Kokon)的一家分店(见83页)，店内出售各种结合东西方风格的纺织品和室内装饰品。Schellingstr. 52号·地图L2

7 白色瓷器店 (Porcelaine Blanche)

各种餐桌上使用的纯白色瓷器。店内的商品从古典风格到当代诙谐的设计。Schellingstr. 48号·地图L2

8 克兹恩格古董店 (Antiquariat Kitzinger)

这家宝库商店紧挨着德语研究学院(Institute of German Studies)。老式的古董店内有许多有趣的图书，是您浏览翻阅的好去处。Schellingstr. 25号·地图L2

9 小包精品店 (Small Bag)

花时间在Gisela Rädlein's精品店内逛上一圈，您可以在这里找到从新潮到古典，从怪异到实用的各种商品，同时，店内还出售精致的银器、古时钟和半身像。He-rzogstr. 11号·地图F2

10 奥西维斯精品店 (Osiris)

奥西维斯是慕尼黑最棒的精品商店，这里出售各种新艺术运动风格的珠宝、灯具、艺术品和装饰品。Türkenstr. 69号·地图L1

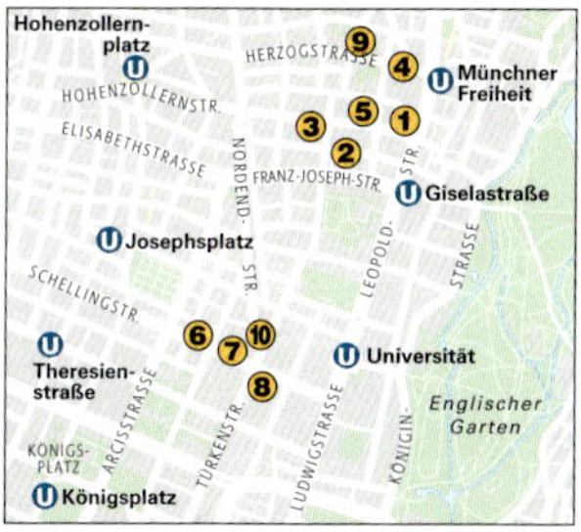

关于慕尼黑主要购物区的详细信息，请见66~67页

慕尼黑自由区餐吧内的雕像

施摩克酒吧内的餐厅

弗洛里恩餐吧

TOP 10 咖啡馆、小酒馆和酒吧

1 慕尼黑自由区餐吧 (Café Münchner Freiheit)

位于慕尼黑北部的大众餐吧，餐吧内有巨大的露天餐厅。露天餐桌旁边是比真人稍大的演员赫尔穆特·菲舍尔（Helmut Fischer）的雕像。有令人满意的午餐。慕尼黑自由区（Münchner Freiheit）·地图G2

2 维特舒勒餐吧 (Café Reitschule)

这家传统的餐吧在英国公园的边缘，这里有三个天井，一个啤酒花园和一个温室。客人可以从店内直接欣赏到骑术学校的风景。同时，这里提供不错的快餐。国王大街（Königinstr.）34号·地图N1

3 弗洛里恩餐吧 (Café Florian)

咖啡酒吧，小餐厅内提供意大利特色的美食。夜晚，您可以光顾地下室中的Coccodrillo鸡尾酒酒吧。这里有漂亮的露台。Hohenzollernstr. 11号·地图F2

4 阿马里恩餐吧 (Amaliencafé)

附近大学的学生和商务人士经常光顾这家餐吧。午餐时间，您可以在此品尝到香浓快捷的卡普契诺咖啡和美味的小吃。阿马里恩大街（Amalienstr.）37号·地图L2

5 大学咖啡馆 (Café an der Uni)（Cadu）

路德维希大街墙后的一家迷你咖啡馆。在游览大学区后，可以在此来上一杯咖啡。Ludwigstr. 24号·地图M2

6 特里勒小酒馆（Terrine）

新艺术运动小酒馆，Tantris餐厅的分店，午餐和晚餐提供美味的法式大餐。Amalienstr. 89号（通道）·地图L1

7 特兹思那斯基 (Tresznjewski)

三个艺术陈列馆的附近，这家咖啡酒馆为来自各个阶层的顾客提供各种服务，包括早餐、咖啡、午餐和晚餐，同时还有鸡尾酒。Theresienstr. 72号·地图K2-L2

8 城前咖啡馆（Vorstadt-Café）

餐厅提供适合各种口味的美食，从“爱心早餐”（LoveBreakfast）、午餐到融合泰国和意大利风味的晚餐。Türkenstr. 83号·地图L1

9 施摩克酒吧（Schmock）

新艺术运动酒吧。餐厅有传统的犹太美食（按犹太教规制成的食品）。许多常客。Augustenstr. 52号·地图J2

10 阿特兹思格酒吧（Atzinger）

70年代的动感学生酒吧。各种人群经常光顾的地方。Schellingstr. 9号·地图L2

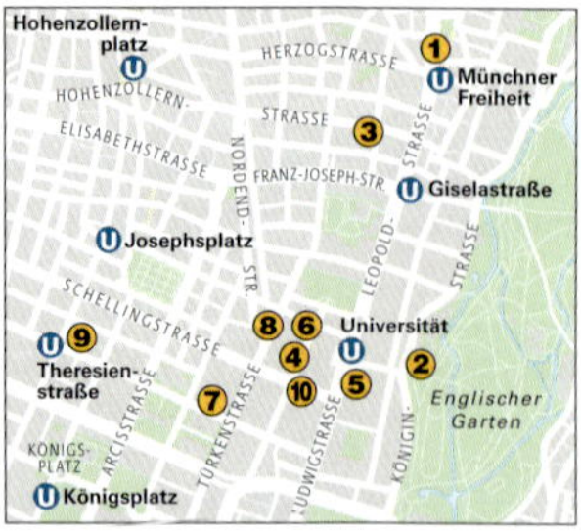

更多关于酒吧和咖啡馆、同性恋活动场所、餐厅、巴伐利亚酒馆和啤酒花园的信息，请见24～25页、50～51页和58～65页

Max-Emanuel-Brauerei酒馆和啤酒花园

价格分类

供单人享用的三道菜，	€	30欧元以下
加上一杯啤酒	€€	30～40欧元
或酒（或同等的食物），	€€€	40～50欧元
税费和	€€€€	50～60欧元
服务费	€€€€€	60欧元以上

TOP 10 餐馆

1 坦特里斯餐厅（Tantris）
坦特里斯餐厅（慕尼黑）顶级的餐厅，奥林匹斯山的高级烹饪。不菲的价格反映了这一点（见64页）。

2 La Bouille
20年中不断完善的法国烹饪。现已迁至一个带天井的新地方。Neureutherstr. 15号 · 地图K1 · (089) 39 99 36 · 星期一到星期五中午12点至下午3点和晚上7点至12点；星期六晚上7点至12点；星期日早上6点30分至晚上11点 · €€-€€€

3 Osteria Italiana
慕尼黑最老的意大利餐厅，安静且简洁。漂亮的小庭院。Schellingstr. 62号 · 地图K1 · (089) 272 07 17 · 星期一到星期六中午12点至下午2点30分和下午6点30分至晚上11点 · €€-€€€

4 Le Sud
法国餐厅，优美的环境和浪漫的天井。Bismarckstr. 21号 · 地图F2 · (089)33 088 738 · 星期一到星期五上午11点30分至下午2点和下午6点至凌晨1点；星期六下午6点至凌晨1点 · €-€€

5 Arabesk
餐厅以阿拉伯和黎巴嫩烹饪为特色。可以在周末欣赏热辣的肚皮舞。Kaulbachstr. 86号 · 地图M1 · (089)33 37 38 · 每天下午6点至凌晨1点 · €€

6 Simera
美妙的希腊餐厅。提供绝对物超所值的服务。Kai-serstr. 55号 · 地图F2 · (089) 33 53 80 · 每天上午11点30分至下午1点 · €€

7 Max-Emanuel-Brauerei
从1800年开始营业的传统酒馆，提供正宗的巴伐利亚美食。这里啤酒花园和狂欢节期间传奇的白色节日聚会（Weiße Feste）。Ada-lbertstr. 33号 · 地图L1 · (089) 271 51 58 · 每天上午11点至下午1点 · €-€€

8 Osterwaldgarten
家庭式的啤酒花园，提供巴伐利亚美食。这里通常比较热闹。Kefer-str. 12号 · 地图G2 · (089) 38 405 040 · 每天上午11点至下午1点 · €

9 Kun-Tuk
高级泰国餐厅。盘绕的红色巨龙和大红灯笼构成这里的特色。Amalienstr. 81号 · 地图L2 · (089) 28 37 00 · 星期一到星期五上午11点至下午5点和下午6点至晚上11点30分；星期六、日下午6点至晚上11点30分 · €-€€

10 Casa de Tapas
绝妙的地中海氛围和可口的晒干腌肉。Bauerstr. 2号 · 地图F2 · (089) 27 312 288 · 每天下午6点至凌晨1点 · €

注：除了专门说明，所有的餐厅都接受信用卡消费。许多餐厅只有有限的或没有轮椅通道

民众浴室

马克西米连大桥

加斯泰格文化中心

伊萨河畔

伊萨河的东岸被划分为四个不同的区域，它们分别是：波根豪森区（Bogenhausen）、海得豪森区（Haidhausen）、奥尔区（Au）和基森区（Giesing）。波根豪森区的建筑全都是别墅，是许多名人居住的地方；活力四射的海得豪森区有最棒和最多的酒吧；然而，部分奥尔区和基森区仍然保留着特殊的工人阶级的魅力。这些全都位于老城区伊萨河的“另一侧”，并长期保持着乡村的特色。伊萨河以西，河的左岸，有美丽的英国公园、雷尔（Lehel）漂亮的古建筑群和慕尼黑的同性恋村——格洛肯巴赫区。大部分的风景都位于伊萨河的右岸，如：民众浴室、史达客别墅博物馆和河岸小岛上的德意志博物馆。

TOP 10 十大景点

1. 和平天使
2. 史达客别墅博物馆
3. 王子剧院
4. 马克西米连博物馆
5. 加斯泰格文化中心
6. 民众浴室
7. 德意志博物馆
8. 普拉特岛和阿尔卑斯山博物馆
9. 伊萨河桥
10. 奥尔·缪尔巴赫河区和瓦伦汀故居

和平天使

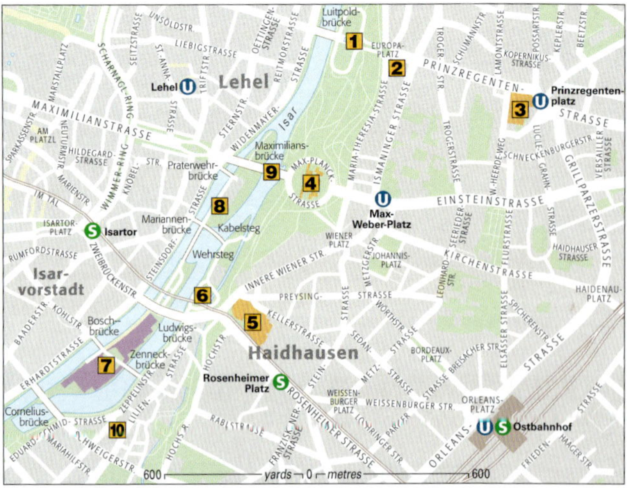

前两页是西部公园（Westpark）内的泰式宝塔

1 和平天使（Friedensengel）

这座青铜雕像（1896年～1899年）屹立于伊萨河的右岸，是为了纪念1870年到1871年的普法战争而建造的。和平天使是希腊胜利女神Nike的青铜复制品，高6米（20英尺）。雕像下面最后的两级阶梯，从斜坡一直通向王子大街最低处带喷泉的露台公园。王子大街（Prinzregentenstr.）·地图P3

巴伐利亚州议会大厦内的马克西米连博物馆

2 史达客别墅博物馆（Museum Villa Stuck）

离和平天使雕像不远的地方是画家弗兰茨·封·史达客（Franz von Stuck）的别墅（1897年～1898年），建筑本身就是一件艺术品。作为磨粉工人的儿子，史达客很年轻便成名，并且推动了慕尼黑风格的新艺术运动画派——青年风格（见88页）的创立。别墅从1968年开始作为博物馆向公众开放。史达客的私人房间中永久展览着新艺术运动收藏，侧厅的画室中不断更换着展品（见37页）。

史达客别墅博物馆展出的名画《罪》

3 王子剧院（Prinzregententheater）

该剧院是波根豪森区王子大街上许多纪念性的建筑之一（见43页）。剧院是由奥古斯·特埃佛丁（August Everding）领导，同时，这位传奇的戏剧家还建立了巴伐利亚戏剧学院（Bayerische Theaterakademie），这里已成为培养年轻舞台天才的基地。剧场旁边是王子浴室（Prinzregentenbad），这是一家公共的洗浴中心。街道的对面是一家名为“Feinkost Käfer”的鲜美食品店。王子广场（Pri-nzregentenplatz）12号·地图H4

王子剧院

4 马克西米连博物馆（Maximilianeum）

这座位于海得豪森区的建筑是由Friedrich Bürklein（1857年～1874年）设计，它坐落在伊萨河高高的河岸上，也标明马克西米连大街的尽头。该大型建筑物原本是马克西米连二世为帮助贫困的天才学生而建造的学校。从1949年开始，这里成为巴伐利亚州议会大厦。现在，学校位于建筑物的后侧。MaxPlanck街1号·地图P4-P5

5 加斯泰格文化中心（Gasteig）

这里是以前的人民医院（Bürgerspital hospital）和大众啤酒馆（Bürgerbräukeller）的旧址。1939年Georg Elser在此暗杀希特勒的计划失败，1978年至1985年间，这里被改变为新学院的加斯泰格文化中心。这里的设备包括：慕尼黑交响乐团、卡尔·奥夫（Carl Orff）音乐厅、成人教育中心的总部以及市政图书馆。Rosenheimer街5号·地图N6

加斯泰格文化中心悬挂的一张饰板，是为了纪念1939年Georg Elser刺杀希特勒的行动

民众浴室

6 民众浴室 (Müller'sches Volksbad)

民众浴室是由私人投资修建，根据卡尔·米勒（Karl Müller）而命名。这个新艺术运动的洗浴场是于1897年到1901年间根据卡尔·霍赫德（Carl Hocheder）的设计建造。这里有城市最早的公共游泳池，至今仍然是最漂亮的泳池之一。浴池被严格地分为男性区和女性区，男性浴池内有一个半圆形拱顶，女性浴池内则为巨大的圆屋顶。民众浴室是您值得一游的好去处，在游泳的同时，您还可以参观浴室的内部装修和各种设施，这里有治疗的浴室和罗马蒸汽浴室。洗浴后，您还可以在Café Stör中休息。地图N5

破玻璃区 (Glasscherben District)

海得豪森区曾经是城市的边缘地带。这里曾经是贫困边远的小乡村。现在，这里被称作“破玻璃区”。1871年后，法国战败后的赔偿金被投入到该区的修建当中，该区中许多街道的名字也由此而来，如：巴黎大街（Pariser Str.）、瑟丹街（Sed-anstr.）、波多伊广场（Bordeauplatz）和梅茨大街（Metzstraße）。

7 德意志博物馆 (Deutsches Museum)

民众浴室的斜对面是世界上最大的科技博物馆——德意志博物馆，位于伊萨河的小岛之上。德意志博物馆大约80%的建筑都在二战当中被摧毁；然而，在1948年，博物馆的大门又重新向公众开放。您需要安排一天的时间参观博物馆（见8～11页）。

8 普拉特岛和阿尔卑斯山博物馆 (Praterinsel & Alpine Museum)

离博物馆岛最近的是另外两个小岛，普拉特岛（Praterinsel）和卡奥金岛（Kalkinsel）。阿尔卑斯山博物馆（Alpine Museum）位于普拉特岛上，是由德国阿尔卑斯山协会（German Alpine Association）管理。这里记录了登山的历史，并且全年都有特殊的展品展出。一座教育花园内展出着各种类型的采集自阿尔卑斯山地区的岩石。普拉特岛上的许多老工厂，诸如以前的里莫施礼德酿酒厂（Riemerschmid distillery），已经被转化成为带有艺术家工作室的文化中心。这个综合建筑物内不断有许多新的展品展出，同时还举办许多特殊的活动，如：喜剧节（Comicfest）。探戈舞迷们在夏季的夜晚来到这里的庭院，尽情的享受这里最具动感的舞蹈。地图N5

9 伊萨河桥 (Isar Bridges)

从横跨伊萨河的大桥上，您可以欣赏到美丽的河流风光和都市风景。这里最重要的历史性建筑，是位于德意志博物馆和民众浴室之间的路德维希桥（Ludwigsbrücke）。该桥是由弗海森主教（Bishop of Freising）在1157年到1158年间建成，后来“狮子”亨利命人将其拆除（这座桥位于今天的Oberföhring）。这就意味着盐道将被改道，从而有效地从主教的辖区夺取到有利可图的关税附加税。同时，亨利命人在南部更远的地方修建了一座新的大桥，

更多详细的关于普拉特岛和僧侣起源的有趣的历史，请登录：www.praterinsel.de

阿尔卑斯山1900年的登山设备

也就是今天的路德维希桥。班尼狄克教派僧侣(Benedictine monks)首先在这里定居，后来很快就被繁华的居住区包围，这里被称作“München”（字面意义是“靠近僧侣”）。地图M6-N6

10 奥尔·缪尔巴赫河区和瓦伦汀故居（Auer-Mühlbach District & Valentin-Haus）

以前，慕尼黑市区内穿梭着许多条小溪流，许多后来被混凝土填平。奥尔·缪尔巴赫河（Auer-Mühlbach）是现在唯一幸存的一条，同时也是伊萨河东边最显眼的一条小流。在路德维希桥（Ludwigsbrücke）的正南方，这条小溪冲积的小岛上是许多翻新后的历史建筑群。卡尔·瓦伦汀（Karl Valentin）的出生地位于泽柏林街（Zeppelinstraße）41号。该建筑尚未向公众开放。地图N6

普拉特岛的文化中心

沿伊萨河一日游

早上

在Café Stör咖啡馆中喝杯咖啡或是吃点早餐，再从民众浴室出发，在这里左转，并一直沿着伊萨河走到人行桥，这里通向普拉特岛。步行穿过阿尔卑斯山博物馆内的教育花园（不需门票），再越过小岛（您可以在这里的文化中心稍作休息），继续前进至马克西米连大桥，该桥直接通向马克西米连博物馆。经过纪念碑后右转进入施克尔街(Sckellstr.)，从这条街一直到达维也纳广场（Wiener Platz）的集市和宫廷啤酒馆。位于克列珀广场（An der Kreppe）上一条狭窄的街道连接着维也纳广场和破玻璃区几家古老的小酒馆。宫廷啤酒馆提供价格合理的食物，并且夏季这里有啤酒花园。

下午

返回到施克尔街（Sckellstr.），穿过爱因斯坦街(Einsteinstr.)，再沿着玛丽亚·特雷萨大街（Maria-Theresa-Str.）前行，街道两边全是建立时期和新文化艺术运动的建筑。马克西米连公园（Maximilian-Anlagen）是一座公众花园，这里是散步的理想场所。无论您选择哪条道路，最后您都将到达和平天使。继续步行几分钟后，您将到达典型的新艺术主义博物馆史达客别墅。喝过下午茶后，游览靠近18号有轨电车车站的维也纳广场(Wiener's)（Ismaninger大街71a号）。乘有轨电车回到城市中心（卡尔广场）。在有轨电车上，您会经过慕尼黑许多最漂亮的景观。

沿伊萨河的维也纳广场和加斯泰格文化中心之间，有64个啤酒窖。19世纪60年代的时候，这里曾经是酿酒厂区

尼科拉教堂

宫廷啤酒馆

圣安娜教堂的拱形桥门

TOP 10 十佳景点

1 克列珀广场(An der Kreppe)

为体力劳动者和砖瓦工人重新修建的小酒馆和旅店，使得海得豪森区这一角呈现出乡村的特色。克列珀广场（维也纳广场）· 地图P5

2 宫廷啤酒馆（Hofbräukeller)

这里是皇家啤酒馆的兄弟店，这里同时出售著名的啤酒。从1892年开始，酒馆开始坐落在一座新文艺复兴时期的建筑内，这里还有著名的啤酒花园（见25页）。维也纳广场 · 地图P5 · www.hofbraeukeller.de

3 尼科拉教堂（Nikolaikirche)

这个小教堂最先在1313年的历史记录中被提到，建于伊萨河河岸上。这座教堂是仿照位于Altötting的教堂风格建造的。Innere Wiener大街1号 · 地图N5

4 雷尔（Lehel)

雷尔区的部分位于老城区内，这里有许多建立时期的建筑。泰尔施广场（Thierschplatz）附近的街道是您值得一游的好地方。地图M5

5 圣卢卡斯教堂(Sankt Lukas)

圣卢卡斯教堂因为这里的教堂音乐会而闻名（见41页）。玛林广场（Mariannemplatz）3号 · 地图N5

6 圣安娜僧侣教堂(Monastery Church St Anna)

雷尔区洛可可式的建筑瑰宝，是由乔恩·米歇尔·费舍尔（Johann Michael Fischer）建造，阿桑兄弟完成装潢。圣安娜广场（St-Anna-Platz）21号 · 地图M4

7 圣安娜教堂（St Anna)

新罗马式教区教堂，圣安娜教堂（1892年）是建筑竞争的结果。圣安娜广场（St-Anna-Platz）21号 · 地图N4

8 上马克西米连大街和马克西米连纪念碑（Upper Maximilianstraße & Maxmonument)

旧城环线（Altstadtring）和马克西米连王宫（Maximilianeum）之间的街道两边建有华丽的公共建筑，包括人类文化博物馆（Völkerkundemuseum）和上巴伐利亚议会大厦。马克西米连二世纪念碑位于一座街心花园的中央。

9 国立民俗博物馆（Staatliches Museum für Völkerkunde)

该博物馆修建于1859年到1865年间，这座国家建筑是马克西米连时期的风格，从1926年开始，这里成为民俗博物馆（Völkerkundermuseum)。馆内的30多万件藏品来自除欧洲以外的各种文化（见37页）。

10 王子大街上的博物馆(Museums on Prinzregentenstraße)

王子大街上部的街道上有艺术殿堂、德国国家博物馆和沙科画廊（见36～37页）。

马克西米连二世纪念碑

公交100号线沿着王子大街前行，途中在几个博物馆均有车站

开福美味食品店　Eltje Rick精品服饰店　精品瓷器和手工自制瓷器店

TOP 10 商店和集市

1 开福美味食品店 (Feinkost Käfer)

这家熟食店是由餐饮大王基尔德·开福（Gerd Käfer）管理和经营的，位于波根豪森高级社区。慕尼黑的名人喜欢在这里采购精品美味。王子大街（Prinzregentenstr.）73号 · 地图H4

2 绿色食品市场 (Grünermarkt)

这个大型的商场内出售各种各样的有机产品，从"生态点心"到各种无公害的化妆品和礼物。Weißenburgerstr. 5 · 地图P6

3 维也纳广场集市 (Markt am Wiener Platz)

维也纳广场上不仅有长期在这里经营的小卖部，同时，这里还经常有一些由活动的小商贩临时搭起的小货摊。这里漂亮的广场是您歇息的好地方。Wiener Platz · 地图P5

4 茶叶茶具店（Teeladen）

这是一家具有20年茶叶销售经验的专业商店，这里出售300多个品种的来自世界各地的茶叶。Pariser大街27号 · 地图P6

5 Eltje Rick精品服饰店

服饰店出售专门为您裁剪的衣服或成衣，他们都是由慕尼黑的设计师，运用特殊的裁剪和布料制成。Steinstr. 57 · 地图P6

6 烛光礼品店 (Candle-Light)

各式各样的蜡烛和精美的礼品。如果您对中国的风水学说感兴趣，这里是非常适合您的地方。Metzstr. 13 · 地图P6

7 精品瓷器和手工自制瓷器店 (Porzellan & Pinselstrich)

各种精美的烧瓷和素瓷，您可以试着在瓷器上画上自己喜欢的图案，并作为纪念品带回家。Sedanstr. 18号 · 地图P6 · www.po rzellanundpinselstrich.de

8 奥妙书店 (Esoterischer Buchladen)

这个奥秘的书店不仅有书，还有图纸牌卡片、喜马拉雅山的盐晶、石油芳烃和其他商品。Sedanstr. 29号 · 地图P6

9 Liquid

各种不同种类的液体，如：优等的油剂和醋，除了啤酒、烈性甜酒、白兰地和高级的红酒以外，这里还出售白兰地酒杯、咖啡杯和各种其他与液体有关的产品。Pariser大街36号 · 地图P6

10 白堡大街 (Weißenburger Straße)

这里是位于海得豪森区（Haidhausen）主要的商业街，繁华的大街上有各式的鞋店和眼镜店，各种精品店、蔬菜水果店和超市。同时，在火车东站（Ostbahnhof）还有一家百货公司。地图P6

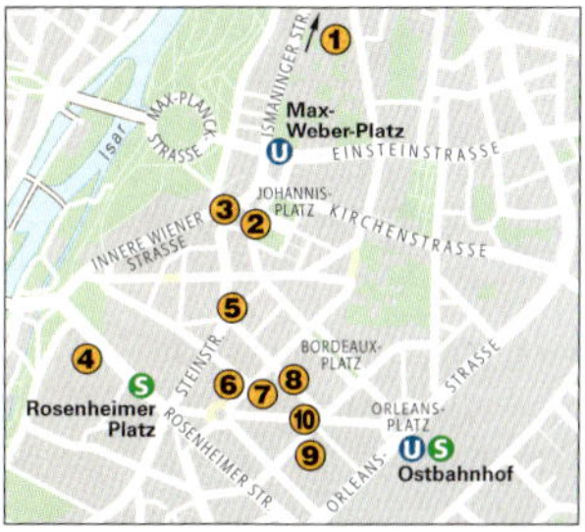

更多关于购物区的详细信息，请见66~67页

民众浴室内的Café Stör咖啡馆

维也纳广场咖啡馆

TOP 10 海得豪森区的咖啡馆和酒吧

1 海恩特庭院咖啡馆 (Café im Hinterhof)
咖啡馆位于一个庭院的后部，这里充满了新艺术运动的气息。丰盛的早餐和各种报纸供您选择，让您拥有一个轻松的早晨。午餐提供简单的食品。Sedanstr. 29号 · 地图P6

2 维也纳广场咖啡馆
热闹的聚会场所，从早到晚，提供各种早餐选择。夏季这里有露天餐厅。Innere Wiener大街48号 · 地图P5

3 世界咖啡馆 (Café Mondial)
便宜的午餐和美味可口的甜点，如：威尼斯油饼。您可以在露天餐厅中喝下午茶，或是晚上在此品尝鸡尾酒。Pariser大街34号 · 地图P6

4 福耳图娜咖啡馆 (Café Fortuna)
温馨的意大利式街道咖啡馆。露天餐桌和可口的热咖啡。Metzstr. 10号 · 地图P6

5 Café Stör咖啡馆
民众浴室内带玻璃屋顶的迷人的新艺术运动咖啡馆。夏季，咖啡馆门前摆放了许多的餐桌。提供意大利式午餐和晚餐。Rosanhei-mer大街1号 · 地图N5

6 维勒意尔·艾思咖啡馆 (Eiscafé Venezia)
古老的小店，逐渐消失的意大利冰激凌店之一。20世纪70年代的风格和露天餐厅十分迷人。Paris-er Platz · 地图P6

7 玛利亚·帕萨葛勒咖啡馆 (Maria Passagne)
这家沙龙酒吧每天的营业时间很长。酒吧小而舒适，提供各种寿司。您有必要提前预订（电话：089-48 61 67）；一旦所有的餐桌都坐满后，守门的人将不再迎接更多的客人。Steinstr. 42号 · 地图P6

8 特阿托餐吧 (Teatro)
酒吧和餐厅。长长的柜台后挂着各种美味的晒干腌肉。墙上的地中海风景画营造出轻松舒适的氛围。Balanstr. 23号 · 地图G6

9 里萨波恩酒吧 (Lissabon Bar)
简单的街道酒吧，让您想起葡萄牙酒吧。食品分量大（特别是鱼），有各种不错的葡萄酒，当然还有鸡尾酒。Breisacher大街 22号 · 地图H5

10 朱勒普斯酒吧 (Julep's)
美国乡村风格的酒吧和餐厅（德州墨西哥和美国风味）。这里的酒保能够调制200多种不同的鸡尾酒（见60页）。

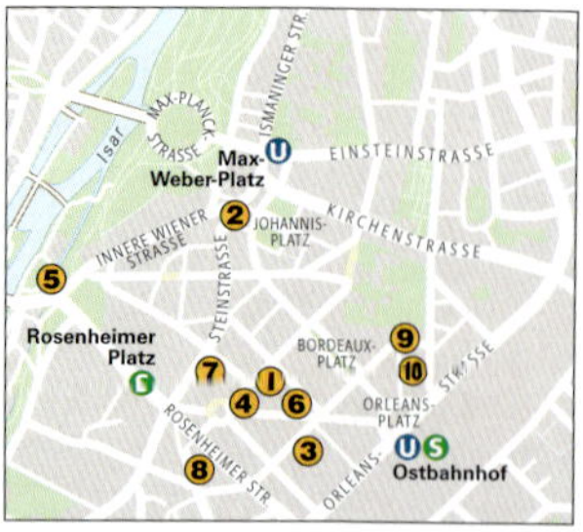

更多关于酒吧和咖啡馆、同性恋活动场所、餐厅、巴伐利亚酒馆和啤酒花园的信息，请见24～25页、50～51页和58～65页

价格分类

供单人享用的三道菜，加上一杯啤酒或酒（或同等的食物），税费和服务费	€	30欧元以下
	€€	30～40欧元
	€€€	40～50欧元
	€€€€	50～60欧元
	€€€€€	60欧元以上

科多餐馆　　鲁尔大厅

TOP 10 海得豪森区的餐馆

1 费奥堡餐馆（Le Faubourg）
小酒馆内摆放着小的桌椅，每日提供的菜肴都写在小黑板上。有各种酒类选择和一些露天餐桌。Kirchenstr. 5号（Johannisplatz）·地图P5·（089）47 55 33·下午6点30分至凌晨1点；星期日休息·€€-€€€

2 鲁尔大厅（Rue des Halles）
法国区最古老的法式建筑。简单朴素的内部装修反映了巴黎市场内小酒馆的特色。提供创新的法式菜肴（见65页）。

3 Le Bousquérey
小而温馨的餐厅，专营各种法式菜肴，这里的鱼菜特别出名。Rablstr. 37号·地图G5·电话：（089）48 84 55·营业时间：每天下午6点至晚上11点30分·€€-€€€

4 科多餐馆（Cô-Dô）
提供慕尼黑里最棒的来自远东的佳肴，各种来自老越南的皇家特色菜。还有专门为素食者提供的菜谱：可以试试这里的豆腐和包在香叶里的大豆凝乳。Lothringer大街7号·地图G6·（089）448 57 97·每天下午6点至晚上11点30分·无刷卡消费服务·€

5 小魔屋餐馆（Wirtshaus zum Huterer）
加入这家小魔屋，在旁边的花园内您可以品尝到法国特色的高档传统美食。Grütznerstr. 7号（维也纳广场）·地图P5·（089）489 12 87·下午6点至凌晨1点；星期日、星期一休息·€€-€€€

6 Vinaiolo
精美的意大利美食和来自小葡萄园的美酒。Steinrstr. 42号·地图P6·（089）48 950 356·星期二到星期日中午12点至下午3点和下午6点30分至凌晨1点；星期一下午6点30分至凌晨1点·€€-€€€

7 Al Gallo Nero
慕尼黑最好的意大利餐厅之一。您需要足够的勇气选择这里令人吃惊的菜肴（见65页）。

8 Il Cigno
物美价廉的意大利美食和露天餐厅。Wörthstr. 39号·地图P6·（089）448 55 89·每天上午11点30分至晚上11点30分·€

9 宫廷啤酒馆（Hofbräukeller）
掩映在栗子树丛中的啤酒花园，提供巴伐利亚美食传统酒馆，（见25页和100页）。

10 意大利贝拉餐馆（Bella Italia）
为比萨迷提供的大份比萨，这里还有露天餐厅。Weißenburger大街2号·地图P6·（089）48 61 79·每天上午11点晚上12点·无刷卡消费服务·€

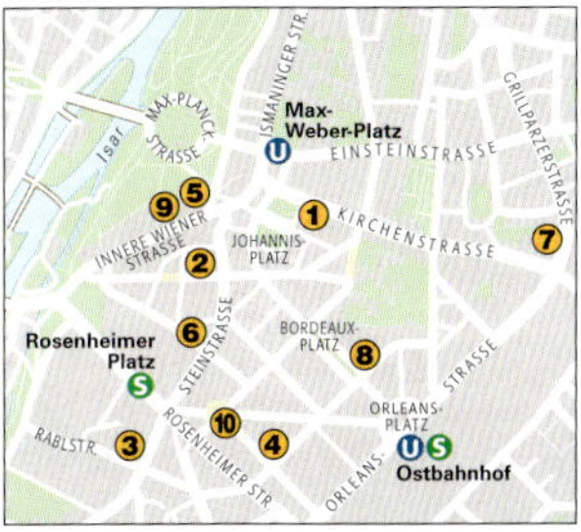

注：除了专门说明，所有的餐厅都接受信用卡消费。许多餐厅只有有限的或没有轮椅通道

赫拉布恩动物园

宁芬堡中的屋顶壁画

绿森林城堡

南区和西区

除了慕尼黑的最西边和新豪森区（Neuhausen district）外，慕尼黑中心以南和以西具有郊区和纯居民区的特点。新豪森区位于北部，这里有一座名为“红十字”的广场（Rotkreuplatz），广场被绿树成荫的街道环抱，边缘是19世纪时的建筑。近年来，这里新发展了许多具有活力的酒吧和餐厅。多元化的最西部的生活更加丰富多彩，有一些地区，特别是老交易会市场（Alte Messe）附近，正在变为时尚之区。繁华的居民区位于南部，属于慕尼黑市郊哈拉兴（Harlaching）和最主要的绿森林区域，在这里25号有轨电车将带您穿越布满各类迷人别墅的森林。慕尼黑南部境内的伊萨河得到了改造，这里她再次恢复了她自然和弯曲的河道。沿河两边是游客们喜欢的美丽的小道。在Flaucher花园酒馆和城市的超级动物园——赫拉布恩动物园的旁边，您将可以找到慕尼黑伊萨沙滩——Flaucher。

布鲁腾堡皇宫的小教堂

十佳景点

1. 巴伐利亚女神雕像
2. 老交易会市场和交通中心
3. 最西区
4. 西部公园
5. 新豪森区
6. 宁芬堡和皇宫花园
7. 植物园
8. 布鲁腾堡皇宫
9. 赫拉布恩动物园
10. 绿森林

更多关于交通博物馆的信息，请登录：www.deutsches-museum.de

1 巴伐利亚女神雕像(Bavaria)

作为慕尼黑最高的女性，巴伐利亚女神雕像的高度为18.5米（59英尺）。她手持橡树花环，同时，神狮停在她的脚下。雕像是由Ludwig Schwanthaler设计，米勒(Ferdinand von Miller)雕刻完成。该雕像（1840年~1850年）是当时技术成果的杰作，雕像的头部还同时是一个瞭望台（见23页）。科仑册（Klenze）修建的伟人英名厅（Ruhmeshalle）位于巨大的雕像之后，这里矗立着许多巴伐利亚名人的半身像。Theresienhöhe 16号 · 地图D5 · 开放时间：4月到10月中旬每天上午9点至下午6点（啤酒节期间开放时间延长到晚上8点）· 门票

2 老交易会市场和交通中心(Alte Messe & Verkehrszentrum)

自从交易会搬到Riem以后，施万特哈勒高地上的（Schwanthalerhöhe）老交易会市场得到了难以想象的发展。在以前的露天市场上，现在建起了雅致的住宅；许多以前的展厅也被转化成了今天的文化中心。交通中心是德意志博物馆专门展出交通的杰出分馆，馆内有3个大厅（见11页）。巴伐利亚公园坐落在附近的地区，这里是由路德维希一世修建的（见39页）。

西部公园内的亚洲式园林

3 最西区(Westend)

该区的土耳其、希腊和其他少数民族商店和酒吧，大大地增加了这里的吸引力。这里住着慕尼黑大部分的外来人口（40%），同时，这里还孕育着各种洋溢着活力的艺术。每年，越来越多的画廊和广告代理在这里建立公司。地图D5

4 西部公园(Westpark)

西部公园是英国公园更小和最西区的版本，这里曾经是为1983年的第四届世界园艺博览会建造的，园内建有绿化过的草地和花园，以及野餐和烧烤设备。亚洲区也因为这里的日式园艺、泰国宝塔和其他重点景色显得尤其美丽（见38页）。

伟人英名厅前的巴伐利亚女神像，前面是特蕾西亚草坪广场

西部公园证明了慕尼黑人为环境保护所做的贡献，许多稀有物种在园内潮湿的生态环境中健康生长

热带植物温室
(Palmenhaus)

这里是多雨的天气里理想的避雨场所。它是位于植物园内历史悠久的玻璃和钢筋搭成的温室。在这里，您会感觉被带到了热带天堂。高大纤细的棕榈树上爬满了绿绿的藤条，让人有置身在热带雨林的感觉。

5 新豪森区 (Neuhausen)

红十字广场位于该区的中心地带，这里是慕尼黑第二大的市区。广场附近的街道上有许多的餐厅和酒吧。无数古老但保存完好的不高的公寓使这里成为理想的居住区。旁边是规模更加宏大的宁芬堡，这里有巨大的单一家庭住宅和别墅。广阔的绿色区域提升了该区居民的生活质量，这里有植物园、宁芬堡公园和慕尼黑最大的啤酒花园——Hirschgarten酒馆。地图C3-D5

宁芬堡的鹦鹉瓷器

6 宁芬堡和皇宫花园 (Schloss Nymphenburg & Schlosspark)

1663年，王侯夫人阿德莱德（Adelaide of Savoy）生下王位继承人——马克西米连·埃马努埃尔（Max Emanuel）。她的丈夫王侯斐迪南·玛里亚（Ferdinand Maria）为了庆祝这一大事，不仅投资建造了特阿蒂那教堂(Theatinerkirche)（见40页），还将未来宁芬堡的夏日行宫展示给王侯夫人。宁芬堡从1664年开始由建筑师Barelli修建，并经历了多次扩建工程。最终，主体建筑完成了惊人的650米（2150英尺）的长度。这座公园曾经是一座小的装饰性公园，现在已经发展成为大型的天然公园，并且装点着许多小楼阁，如：帕戈登堡(Pagodenburg)、巴登堡（Badenburg)、阿玛琳城堡（Amalienburg）和马格达雷登小屋（Magdalenenklause)。您还可在异国情调的热带植物温室内的皇宫咖啡馆（Schlosscafé）享受特殊的咖啡时间（见12～13页）。

7 植物园 (Botanischer Garten)

植物园建造于20世纪初，并位于宁芬堡公园的附近。这里种植着一万四千多种植物。主要景点包括：高山植物园（Alpinum)、阿尔卑斯山岩石花园、植物园（Arboretum)、壮观的杜鹃花展、蕨类植物幽谷和温室（见38页）。

8 布鲁腾堡皇宫 (Schloss Blutenburg)

一条小道连接着宁芬堡公园和布鲁腾堡皇宫，小道两旁风景宜人。皇宫位于草地和田野之间，这里曾经是王室打猎时居住的行宫。具有乡村特点的皇宫是由阿尔布雷特三世公爵（Duke Albrecht Ⅲ），于1435年到1439年间在乌尔姆河（Würm River）的一个小岛上建立的。一座后期哥特式风格的小教堂是在1488年修建的。今天，布鲁滕堡皇宫已经成为国际青年图书馆（Internationale Jugendbibliothek）。城堡内的咖啡馆是您享受咖啡时光的好地方。地图A2

宁芬堡的内部装修

关于步行穿越宁芬堡公园和布鲁腾堡皇宫自行车之旅的信息，请见70～71页

布鲁滕堡皇宫的小教堂

9 赫拉布恩动物园 (Tierpark Hellab-runn)

慕尼黑的这家动物园建立于1911年，这里是世界上第一家根据动物生活的大洲和地域来安排不同围栏和大篷的动物园。动物园内的重点景观包括：大型的鸟舍、住着狮子和老虎的丛林帐篷、新的热带雨林和水族馆，丛林和长着珊瑚礁的水域内住着猴子、蛇和鱼类。Tierparkstr. 30号 · 地图E6 · 开放时间：夏季每天上午8点至下午6点；冬季每天上午9点至下午5点 · 门票 · www.tierpark-hellabrunn.de

10 绿森林 (Grünwald)

这个特有的别墅区位于城市的南部。13世纪修建的绿森林城堡内收藏着各种考古学珍品，如：罗马人的手工制品。盖泽葛斯塔格电影制片厂（Geiselgasteig）和巴伐利亚电影城（Bavaria Filmstadt）都位于该区（见54页）。地图S2

最西区一日游

早上

您可以从巴伐利亚女神雕像开始一天的旅游（见105页）。登上雕像的顶部，享受特蕾西亚草坪广场壮丽的风景。伟人英名厅位于迷人的巴伐利亚公园后面。穿过公园，来到最北部，您可以参观到交通中心各种吸引人的展品（见11页），这里是德意志博物馆的一个分馆，馆内有3个展出大厅。穿过海姆翰街（Heimeranstr.），并沿着Ganghoferstr街，到达与图尔贝克街（Tulbeckstr.）相交的地方。这里的Kao Kao咖啡馆是您享受咖啡时间的最佳选择（图尔贝克街9号）。漫步在图尔贝克街到Ganghoferstr街之间的多文化区，然后走进格里尔街（Gollierstr.），该街道的尽头是格里尔广场（Gollierplatz）。午餐，您可以选择Rüen Thai餐厅（Kazmairstr. 58），这里是慕尼黑最好的泰国菜餐厅之一。

下午

Ganghoferstr街和Pfeuferstr街都将带您通过城铁的大桥，到达西部公园的东部。漫步西行，经过神秘的飘浮花岗岩球，来到湿地水池，这里您可以观察青蛙的活动。穿过大桥，来到城市主要的高速公路，它将带您进入公园的西部，这里有泰式宝塔、日式花园、长有2000株玫瑰的花园和人造湖，其中人造湖的中央设有举办夏季露天音乐会、戏剧和电影的舞台。您可以在湖泊咖啡馆（See-Café）或是位于玫瑰花园中的餐厅内，来点儿咖啡或是小瓶啤酒。

更多关于植物园的信息，请登录：www.botanik.biologie.uni-muenchen.de

Flaucher沙滩

巴伐利亚电影城

赫瑟罗尔大桥

TOP 10 十佳景点

1 Flaucher沙滩

这里是慕尼黑伊萨河上最棒的沙滩。每年夏天，喜欢阳光和沙滩的人们蜂拥来到这个伊萨河南岸的砂砾滩，同时，人们还可以在与沙滩同名的啤酒花园中尽情地享受（见24页）。

2 竹排沙滩（Floßlände）

夏季，河筏满载着游客来到这里。人们把伊萨河的下游恢复到以前自然的状态，拆除了砾石岛、运河边墙和人造堤坝。竹排沙滩起伏的波浪和急流是冲浪爱好者的天堂，同时，艺术殿堂附近的人造溪流是另外一个不错的选择。沙滩附近还有竹排沙滩酒馆、啤酒花园（Zentralländstraße 30号）和阿桑城堡。

3 阿桑城堡（Asam-Schlössl）

Cosmas Damian Asam在1724年获得了这座17世纪的建筑，并用壁画装点建筑的正面。小城堡内有一家餐厅和美丽的花园。Maria-Einsiedel大街45号

4 伊萨河的南岸和赫瑟罗尔大桥（South Isar Bands & Großhesseloher Bridge）

沿着伊萨河右岸修筑的美妙的小道是散步的理想地方。南边，赫瑟罗尔大桥（Großhesseloher Bridge）横跨伊萨河，把您带到森林经济酒馆（Waldwirtschaft）和啤酒花园（Großhesselohe, Georg-Kalb大街3号）。沿河更远的地方，有一家位于伊萨门火车站的小酒馆（Großhesselohe, Kreuzeckstr. 23号）。

5 玛林小屋（Marienklause）

1865年，奥尔·缪尔巴赫河（Auer-Mühlbach）的水闸管理员，马丁·阿克赖特（Martin Achleitner），为了感谢能够在山谷的洪水和泥石流中幸免而修建的山林小屋。

6 蒙特施瓦格庄园（Gutshof Menterschwaige）

这座1803年修建的庄园宅邸内有一座啤酒花园，这里曾经是洛拉·蒙特茨（Lola Montez）和路德维希一世的爱巢，也是您结束一日游最理想的地方。München Harlaching, Menterschwaigstr. 4号

7 盖泽葛斯塔格电影制片厂和巴伐利亚电影城（Geiselgasteig & Bavaria Filmstadt）

盖泽葛斯塔格电影制片厂是一座历史悠久的电影制作中心，这里又被称作"伊萨河上的好莱坞"，这里制作各类影视作品。在巴伐利亚电影城，您可以享受带导游的观光旅游和特技节目表演（见54页）。

8 沙夫特拉恩修道院（Schäftlarn Monastery）

建立于762年，这座带巴洛克式教堂的修道院位于绿森林区和沃尔夫拉茨豪森区（Wolfratshausen）之间，这里有一家很受欢迎的带啤酒花园的小酒馆。地图S2

9 Hirschgarten酒馆

慕尼黑最大的啤酒花园，位于宁芬堡的附近，这里还有鹿园（见24页）。

10 宁芬堡

美丽的住宅区，通往宫殿的林荫大道两旁建有许多别墅。地图B2-B3，C2-C3

一般在星期六沙夫特拉恩修道院的教堂内会举行音乐会。详细信息，请致电：（081）78 34 35

Move运动鞋店

Das Puppenhaus玩具店

Schmuck & Objekte Herzkönig珠宝店

TOP 10 商店和集市

1 越来越多家居装饰店（More & More）

玻璃酒杯、瓷器、家庭装饰品和各种让您的居室变得更加美丽的必需品。这里还有大量的礼品供您选择。Blutenburgstr. 93号 · 地图D3

2 摩马·里服饰设计店（Moma Li Design）

这里的衣服一个款式只有一件，慕尼黑设计师精心为您设计的简约而时尚的服饰。所用工序都采用手工制作。格里尔广场（Gollierplatz）12号 · 地图D5

3 Das Puppenhaus玩具店

完全为孩子们设计：精心打扮的老式玩偶、精美的玩偶之家、玩偶之家家具、老的编织品、儿童读物和玩具。Blutenburgstr. 63号 · 地图D3

4 Move运动鞋店

这家鞋店里有大量精选的跑鞋，从韩国的Diesel牌到耐克（Nike）。鞋迷们可以在这里惊喜地找到他们一直想买的款式。宁芬堡大街（Nymphenburger Str.）156a号 · 地图C3

5 宁芬堡陶器店（Nymphenburger Keramik）

如果您想为您家的浴室寻找装饰花砖，这里有各种各样的天然石料瓷砖供您选择。宁芬堡大街（Nymphenburger Str.）131号 · 地图C3

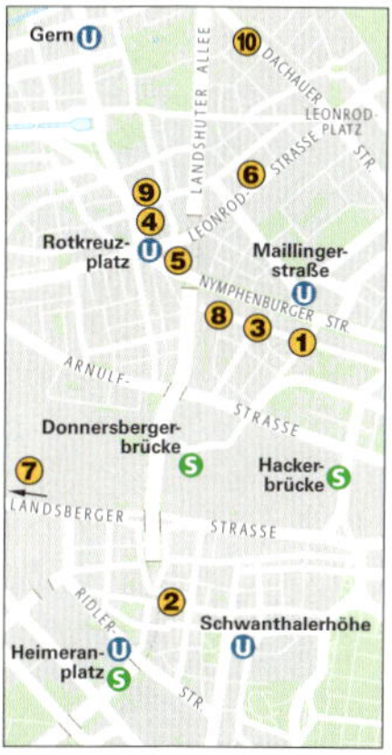

6 Moulin珠宝店

这家珠宝店是由Christian Mühlbauer建立，店内各种迷人的宝石和高品质的珍宝摆放在优雅的环境中，件件珍宝都是真正的艺术品。在这里，您还可以制作自己设计的珍宝，或者定做一款珠宝。Leonrodstr. 47号 · 地图D3

7 谁的完美折扣店（Who's Perfect）

各种办公室和家庭最需要的物品，有很小的瑕疵。所有的商品都半价出售。同时，这里还有有趣的设计师家具展览。Landsberger大街350号 · 地图B4

8 Schmuck & Objekte Herzkönig珠宝店

艺术的珠宝和珠宝的艺术。这家珠宝店不仅出售金匠最理想的作品，同时，这里还有各种样式的珠宝艺术品。这里的珠宝从耳环到结婚戒指应有尽有。Blutenburgstr. 39号 · 地图D4

9 Perlerie自制首饰店

出售玻璃珠、宝石和各种自己制作首饰需要的装饰品。Volkartstr. 17号 · 地图C3

10 Corsetterie内衣店

女演员、歌剧中的女主角和明星，在这家理想的造型店内订购特制内衣。Sprunerstr. 11号 · 地图D2

关于购物区的详细信息，请见66～67页

Stragula 酒吧

水人

鲁费尼餐馆

TOP 10 咖啡馆和酒吧

1 Stragula
各种各样的人群光顾这家实惠的酒馆，这里是非常受大家欢迎的夜间喝啤酒的好地方。这里提供价格合理的巴伐利亚和意大利美食。夏季，这里还会安排一些露天桌椅。Bergmannstr. 66号 · 地图D5

2 最西区咖啡馆（Café Westend）
这里部分是咖啡馆，部分是酒吧，并提供食物。地下室有保龄球道和撞球台。Ganghoferstr. 50号 · 地图D5

3 岗葛弗尔酒吧（Zum Ganghofer）
这个崭新的位于最西区的酒吧提供各种不错的美食，特别是这里的炸肉排。在某些夜晚，这里还举办现场音乐表演。有露天餐厅。Ganghoferstr. 9号 · 地图D5

4 新豪森区咖啡馆（Café Neuhausen）
这家吸引人的咖啡馆内有华丽的抹灰顶棚。每天在午餐时间提供三道特色菜，星期日有早午餐。夏季，这里开放露天花园餐厅。Blutenburgstr. 106号 · 地图D3

5 水人(Wassermann)
融咖啡馆、酒吧和餐厅为一体。每天的午餐都有特色菜。夏季，您可以在胡桃树下的露天餐厅尽情享受。偶尔，这里有现场音乐表演。Elvirastr. 19号 · 地图D4

6 自由区咖啡馆（Café Freiheit）
位于勒昂罗德广场（Leonrodplatz）的具有25年历史的咖啡馆、酒吧和餐厅。有露天餐厅。Leonrodstr. 20号 · 地图D3

7 花园咖啡馆（Cafégarten）
早上提供早餐，午餐这里有意大利面，晚上是鸡尾酒。夏季，树阴下的露天餐厅是您乘凉的好地方。宁芬堡大街（Nymphenburger Str.）92号 · 地图D3

8 鲁弗尼餐馆（Ruffini）
这里是慕尼黑许多餐馆的典范。鲁费尼是慕尼黑第一家提供可供选择的有机食物的餐厅。全麦早餐和餐馆面包房自制的全麦面包，绝对可口。这里的屋顶露天餐厅非常受欢迎。有些夜晚还举行作者阅读活动。Orffstr. 22号 · 地图D3 · 星期一休息

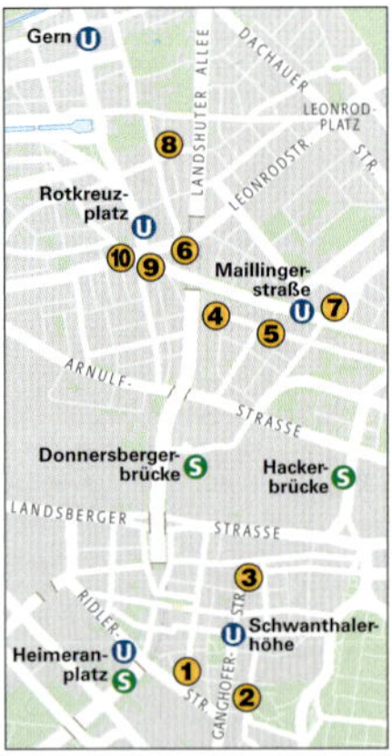

9 萨克莱提（Sarcletti）
这里有慕尼黑最好的意大利式冰激凌。创始人Paul Sarcletti从1879年开始卖冰激凌。红十字广场上的店是在1921年建立的。宁芬堡大街（Nymphenburger Str.）155号 · 地图C3

10 海德奥特酒吧（Hide-Out）
有现场音乐表演的酒吧。国际和当地的乐队演奏。红十字广场（Rotkreuzplatz）2号 · 地图C3 · 星期一休息

更多关于酒吧和咖啡馆、同性恋活动场所、餐厅、巴伐利亚酒馆和啤酒花园的信息，请见24页、50页和58~65页

阿瑟塔依尔餐厅

价格分类

供单人享用的三道菜，	€	30欧元以下
加上一杯啤酒	€€	30～40欧元
或酒（或同等的食物），	€€€	40～50欧元
税费和	€€€€	50～60欧元
服务费	€€€€€	60欧元以上

TOP 10 餐厅

1 阿瑟塔依尔餐厅（Acetaia）

意大利餐厅，菜肴以香脂醋为特色，在饭后甜点中也加入这种调料。宁芬堡大街215号 · 地图C3 · (089) 13 929 077 · 中午12点至下午3点和下午6点至凌晨1点；周六不提供午餐 · €€€-€€€€

2 布罗依顶餐厅（Broeding）

餐厅的菜谱上提供五或六道菜肴，并配上高级奥地利葡萄酒。Schulstr. 9号 · 地图C3 · (089) 16 42 38 · 每天晚上7点；星期日和星期一休息 · €€€-€€€€

3 罗马餐厅（Romans）

优雅的环境和浪漫的露天餐厅，天气好的时候您可以在此用餐。如果您喜爱意大利美食，这里是您理想的选择。Romanstr. 1号 · 地图C3 · (089) 168 98 98 · 每天上午10点至凌晨1点 · €€-€€€

4 萨帕塔餐厅（Zapata）

德州墨西哥人餐厅，瀑布是餐厅的焦点。Schulstr. 44号 · 地图C3 · (089) 166 58 22 · 每天下午5点至凌晨1点 · €

5 净堡餐厅（Zauberberg）

顶级的德国和地中海美食。无烟餐厅。Hedwigstr. 14号 · 地图D3 · (089) 18 99 91 78 · 星期二到星期六晚上7点至凌晨1点；星期日下午6点至凌晨1点；星期二到星期四中午12点至下午2点30分 · €€-€€€

6 玛珀拉餐厅（Marbella）

塔帕酒吧，酒窖风格，提供可口的食物和物超所值的服务。夏季，这里有花园露天餐厅。Horemansstr. 30号 · 地图D3 · (089) 12 779 753 · 每天下午6点至凌晨1点 · 不提供信用卡服务 · €

7 绿纹花园餐厅（Löwengarten）

有舒适放松的环境。夏季花园内提供便宜的美食。Volkartstr. 32号 · 地图C3 · (089) 16 13 73 · 星期一到星期五下午5点至凌晨1点；星期六和星期日上午10点至凌晨1点 · 不提供信用卡服务 · €

8 泰国绿恩餐厅（Rüen Thai）

位于最西区热辣的亚洲美食。是慕尼黑最好的泰国菜餐厅。Kazmairstr. 58号 · 地图D5 · (089) 50 32 39 · 星期一到星期五中午12点至下午2点；星期一和星期日下午6点至午夜12点 · €-€€

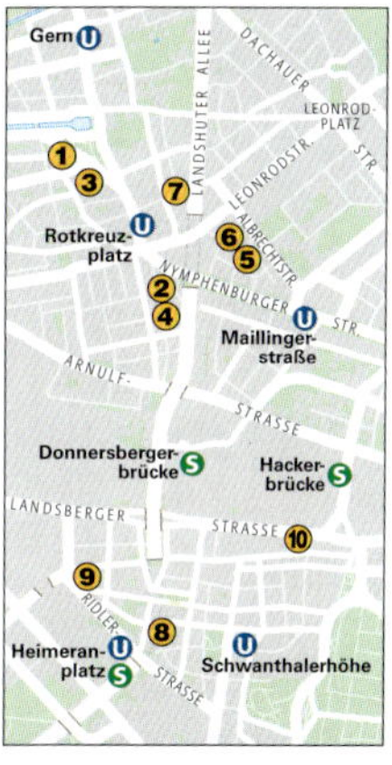

9 圣马里诺餐厅（San Marino）

价格合理的比萨饼和家庭酒。夏季这里也有露天餐厅。Westendstr.161号 · 地图C5 · (089) 50 26 000 · 星期一到星期六上午11点30分至下午2点30分和下午6点至晚上11点30分 · €

10 Augustiner-bräustuben

正宗的巴伐利亚酿酒厂酒馆和餐厅，位于以前设在地下室的啤酒店和马房里（见51页）。

注：除了专门说明，所有的餐厅都接受信用卡消费。许多餐厅只有有限的或没有轮椅通道

Alte Post

一日游和短途旅游

宫殿群中的新宫殿

爱默湖

莱锡河旁的兰兹堡市政厅

TOP 10 慕尼黑周边地区

1 宫殿群 (Schloss Schleißheim)

马克西米连二世·埃马努埃尔王侯（Maximilian II Emanuel）想拿新宫殿跟凡尔赛宫相媲美。新宫殿由恩里克·祖卡利（Enrico Zuccalli）设计，始建于1701年，并于1719年由约瑟夫·艾弗纳完成。这一复杂的宫殿群包括打猎休憩处和专供娱乐的宫殿，巴洛克公园（见39页）的东边还有一个夏日行宫，也是由祖卡利设计，是早期迈斯纳（Meißner）瓷器的重要收藏地。欧伯官（Oberschleißheim）是飞机制造厂所在地（见11页）。地图S2 · 四月～九月：星期二至星期日上午9点至下午6点；十月至三月：星期二至星期日上午10点至下午4点（两城堡均可）

2 弗海森小镇 (Freising)

历史上主教区所在地。小镇坐落于一座命名为学者峰（Mons Doctus）的小山上，被大教堂和主教区统领。大教堂是按照罗马皇宫的样式设计的，共有五个侧廊，于1205年建成。1723至1724年，阿桑兄弟（Asmer Brother）用灰泥和彩色玻璃对大教堂进行了整修。不要错过罗马风格的地下室和著名的巴士底柱，上面雕刻着精美的玉石猛兽。大教堂旁边坐落的是从前的平笃会修道院——圣史蒂芬。今天，这成了一个带有漂亮啤酒花园的啤酒厂，有争议说，这是世界上最古老的啤酒厂。地图T1

德绍镇的纳粹集中营

3 德绍小镇 (Dachau)

德绍小镇坐落于艾伯河畔的山脚下，在慕尼黑以北约15公里（9英里）的地方。小镇位于一个著名的半文艺复兴式半巴洛克式的宫殿旁，这个宫殿有个非常好的酒店。1933年，第一个纳粹集中营建立于此，这里的集中营纪念地（the KZ Gedenkstätte）是今天人们去欧洲时常去的地方。与之毗邻的博物馆的整修工程于2003年完成。德绍小镇电话：（081 31）879 23 · 地图S2 · 4月～9月：每天上午9点至下午6点；10月～3月：每天上午10点至下午4点 · 纳粹集中营纪念地，老罗姆大街75号（Alte Römerstr. 75） · （08131）66 99 70 · 星期二至星期四：上午9点至下午5点 · 免票

4 海尔曼村庄的乡下工厂 (Herrmansdorfer Landwerkstätten)

在格勒恩附近，距慕尼黑南部30公里（19英里）的地方，海尔曼村庄的乡下工厂于1986年建成。工厂制造、加工和销售有机食品并且以它的美味饭店和啤酒园而著称。可以悠闲漫步欣赏大钟和雕刻等艺术品。地图T2

1957年，斯坦利·库布里克（Stanley Kubrick）在拍摄影片《光荣的历程》时，在宫殿群取景

5 安德歇斯修道院（Kloster Andechs）

位于爱默湖东岸的一座海拔200米（650英尺）的山上。这个有着可爱的洛可可式教堂的修道院是德国最重要的朝圣地之一。而且这里有很多著名的啤酒花园和酒馆，可以品尝一下修道院啤酒。地图R2

6 菲尔斯滕菲尔德布鲁克（Fürstenfeldbruck）

沿着延伸的城镇广场的周边地区，这一地区以它的市政大厅和古老的巴洛克和新古典式的建筑，还有安东尼奥·韦斯卡迪（Antonio Viscardi）设计的巴洛克式修道院而闻名。在内部令人惊叹的建筑中，有些是阿桑兄弟设计的。地图R2-S2

7 Wolfratshausen 小镇和在伊萨河上乘筏顺流而下（Wolfratshausen & Rafting on the Isar）

小镇位于慕尼黑南部约30公里（19英里）处的洛伊萨赫河（Loisach）上。镇上有一条很长的中心市场街，两侧是上层巴伐利亚式有山墙的连排别墅。这个小镇是乘筏观光到慕尼黑的起点，小筏从路易萨赫桥下水。这是个有音乐、野餐和啤酒相伴的愉快的短途旅行，从易萨河的小筏滑道顺流而下到达赫拉布恩动物园的停靠地点。在6小时的漂流过程中，乘客们体验到欧洲最大的滑道，其垂直海拔为18米（60英尺）。地图S3 · www.isarflossfahrten.de; www.schr all. com

8 爱默湖（Ammersee）

爱默湖是巴伐利亚第三大湖。爱默湖坐落于一个始于冰川纪的寒冷盆地中，四周覆盖着厚厚的冰渍。在明朗的天空下，可以看到雄伟的阿尔卑斯山。沿湖地带挤满了小镇，这些小镇会提供多种多样的活动，例如：航海、划船、冲浪、骑车、远足等。地图R2

哥特式圣母像，菲尔斯滕菲尔德布鲁克

拜厄特门，兰兹堡

9 奥斯特湖群（Osterseen）

位于史坦贝尔格湖的南面，在主湖附近。游览者将会欣赏到奥斯特湖群的美好风光，湖群由20个位于巴伐利亚最热地带的高沼地湖组成。对于爱好游泳者来说，这里是个绝佳的选择，在自然风景区悠闲漫步也是很享受的事。地图S3

10 莱锡河旁的兰兹堡市政厅（Landsberg am Lech）

这是一个仿佛从风景画册上摘下来的城市。沿着三角形的集市广场是一些漂亮的连排别墅和令人惊叹的灰泥砌成的市政厅。市政厅由建筑大师多米尼库斯·齐默曼（Dominikus Zimmermann）建于1700年左右，这位大师在1749至1754年间曾担任兰兹堡市的市长。始建于1425年的高36米（125英尺）的拜厄特门（Bayertor），是巴伐利亚最独特的中世纪城市拱门之一。地图R2 · 市政厅，夏天:每天上午8点至晚上8点，冬天:每天上午9点至下午4点

➜ 欧伯宫、弗海森小镇、德绍小镇、菲尔斯滕菲尔德布鲁克、Wolfratshausen 小镇以及爱默湖都在城铁线上

楚格高地

上阿默高七彩缤纷的外墙

艾布湖

加米施-帕藤基小镇和楚格峰

茂盛的草地，白雪覆盖的山麓，溪流经过的陡峭峡谷，古老的修道院，有着七彩缤纷外墙的老屋……在这一地区，巴伐利亚像是风景明信片上的景色进入了我们的生活。德国最高峰楚格峰在这里高耸入云。背靠着阿尔卑斯山和韦特施泰因山丘（Wetterstein massif），当地人把这一地带，连同加米施-帕藤基小镇，上阿默高和穆尔瑙，称为韦尔登费尔斯景区（Werdenfelser Land）。巴伐利亚的阿尔卑斯山脚闪烁着文化的光辉，例如，艾布湖、帕特纳赫谷和穆尔瑙苔藓地的国王路德维希二世（King Ludwig Ⅱ）的林德霍夫堡，穆尔瑙的明特尔故居以及一些令人惊叹的自然景观。这一系列壮丽的景观吸引着夏日和冬日来此的游客，加米施镇周围和楚格峰上绝佳的滑雪场在冬季也吸引着大批游客。短途驾车一日游是游览此地的好办法。而且从慕尼黑到楚格峰地区的主要景点铁路和公路都很便利。

楚格峰地带

TOP 10 十大景点

1. 加米施-帕藤基小镇
2. 楚格峰
3. 艾布湖
4. 帕特纳赫谷
5. 地狱谷
6. 艾塔修道院
7. 林德霍夫堡
8. 上阿默高
9. 施塔费尔湖的穆尔瑙
10. 穆尔瑙苔藓地

“韦尔登费尔斯景区”的名称来自于加米施小镇附近的福特瑞斯堡·韦尔登费尔斯。军事堡垒留下的创痕依稀可见

以楚格峰为背景的加米施小镇

1 加米施-帕藤基小镇 (Garmisch-Partenkirchen)

坐落于韦特施泰因山丘和楚格峰脚下，是韦尔登费尔斯景区中心，也是德国最受欢迎的旅游景点之一。小镇人口3万，是著名的冬季运动之都，1936年的冬季奥林匹克运动会就是在此举行的。在夏季，小镇这里的温泉疗养吸引着游客，这里也是个理想的徒步登山和短途旅游胜地。地图R4

2 楚格峰 (Zugspitze)

欣赏楚格峰风光的一个好办法就是从山脚下乘登山铁道或缆车绕山环游了。在加米施，旅行从登山铁道开始，将你带到楚格高地上的施内费尔（Schneeferner）冰川。在那里，你将换乘缆车到达峰顶（2950米/9700英尺）。在观望平台上，你能鸟瞰到在晴朗天空下壮观的美景，一直延伸到意大利北部的多罗迈特山（Dolomites）。返回的时候乘坐艾布湖的缆车下山谷，你将再次领略艾布湖，加米施-帕特纳赫谷和韦尔登费尔斯景区的美景。地图R4

3 艾布湖 (Eibsee)

镶嵌在楚格峰山脉的岩石地域中，艾布湖深蓝色的湖水高于海平面近1000米（3300英尺）。艾布湖成因于一次强烈的岩崩形成的大坑。沿湖漫步大约需要2小时。湖岸边零星分布着许多美丽的湖湾和田园诗般的湖滩，夏天在这里小憩一下是再好不过的了。地图R4

4 帕特纳赫谷 (Partnachklamm)

巴伐利亚阿尔卑斯山最壮观的峡谷——帕特纳赫谷约700米（2300英尺）长；它周围的岩面达到了将近100米（330英尺）高。从加米施镇的奥林匹克滑雪运动场到峡谷的入口，只需徒步一小段路程。地图R4 · 常年开放

5 地狱谷 (Höllentalklamm)

坐落在葛瑞恩纳赫（Grainach）的加米施小镇，这个峡谷的风格与帕特纳赫谷迥然不同。哈姆斯巴赫（Hammersbach）小溪从1000米（半英里）长的悬崖纵流而下跌入山谷。惊险的登山小路从有灯的隧道中穿过。在如此险峻的峡谷中穿行，要有登山靴并且步履稳健。地图R4 · 11月～5月不开放

6 艾塔修道院 (Kloster Ettal)

由巴伐利亚路德维希国王创建于1330年，这个修道院目前有一个寄宿学校。修道院的穹顶结构在一场大火后被损毁，后来按照巴伐利亚洛可可式建筑风格重新建造。艾塔修道院出产久负盛名的草药酒（herbal liqueurs）——香醇（绿色），甘甜（琥珀色），微苦（棕色）。地图R4

加米施-帕藤基小镇附近的帕特纳赫谷

楚格峰是冰川纪形成的冰川地带，包括正日益减少的施内费尔冰川，一年四季冰雪覆盖

沙痕牧场旁边的皇舍
(Königshaus am Schachen)

沙痕牧场是一个海拔1900米(6200英尺)的景色宜人的高山牧场。1869年，路德维希二世来这里山地短游时修建了这个房舍作为休憩之处。一层有多节松木嵌成，上层整个大堂作为宴会厅：五颜六色的彩色玻璃窗，大枝形吊灯和华丽的孔雀毛都透出对当时典型的东方美的崇尚。

7 林德霍夫堡 (Schloss Linderhof)

位于格拉斯旺透（Graswangtal）的爱默河的美丽支流旁，林德霍夫堡距艾塔修道院（见30页）10公里（6英里）。艾塔，林德霍夫12号（Ettal Linderhof 12）·地图R4·（0 88 22）9 20 30 ·4月～9月：上午9点至下午6点；10月～3月：上午10点至下午4点·需要门票·www. linderhof.de

艾塔修道院

8 上阿默高 (Oberammergau)

这个历史遗留下来的温泉小镇以它的基督受难剧（passion plays）闻名于世，受难剧是由本地人在大众剧院演出的。上阿默高大部分人每十年都会参加受难剧的演出。这一风景如画的小镇也以建筑物外面的湿壁画而闻名。弗兰·瑟拉夫·茨温克（Fran Seraph Zwinck，1748年～1792年），德国最负盛名的湿壁画家，就出生在这里。地图R4·下一次受难剧演出是在2010年

9 施塔费尔湖的穆尔瑙 (Murnau an Staffelsee)

著名画家瓦斯里·康丁斯基（Wassily Kandinsky，1866年～1944年）和盖布里勒·明特（Gabriele Münter，1877年～1962年），作家约顿·冯·赫瓦斯（Ödön von Horvath）都曾经在这个美丽的小镇工作生活过。要欣赏“蓝骑士”（Blue Rider）艺术流派的风格，明特故居和博物馆是值得强烈推荐的。田园诗般的施塔费尔湖四周是一条美丽的小径。明特故居：Kottmüllerallee大街6号·地图R3·电话：（0 88 41）62 88 80 ·星期二～星期日：下午2点至5点·需要门票·博物馆：Schlosshof大街4～5号·电话：(0 88 41) 47 62 01 ·星期二～星期日：上午10点至下午5点（7月～9月：周六和周日到下午6点）·需要门票

《蓝骑士》第一版

10 穆尔瑙苔藓地 (Murnauer Moos)

穆尔瑙苔藓地占地32平方公里（12平方英里），是巴伐利亚最大的连续性沼泽地。这里是几千种动物和九百多种植物的家，这些濒临灭绝的物种在这一地带得以保护。沼泽地中有许多有路标的小路，为一年四季来此地远足的人提供了方便。地图R3～R4

沙痕牧场的房舍只允许步行游览（3～4小时），向导观光6月～9月：上午11点、下午1点、2点、3点

价格分类

供单人享用的三道菜,	€	30欧元以下
加上一杯啤酒	€€	30～40欧元
或酒（或同等的食物),	€€€	40～50欧元
税费和	€€€€	50～60欧元
服务费	€€€€€	60欧元以上

穆尔瑙的格里斯啤酒屋　莱森的格斯特霍夫酒店

TOP 10 咖啡馆和餐厅

1 科略特-阿尔姆（Kreut-Alm）

正宗巴伐利亚风味餐厅，可以尽览考赫尔湖和周边的群山。科略特-阿尔姆/格鲁斯维尔（Großweil）·地图S3·（0 88 41）58 22 · www.kreutalm.de · €

2 穆尔瑙的格里斯啤酒屋（Griesbräu zu Murnau）

穆尔瑙镇中心的传统俱乐部，有自家酿制的啤酒和巴伐利亚美味食品，环境质朴。还可以亲自检验酿酒的大桶。穆尔瑙，Obermarkt大街37号·地图R3·（0 88 41）14 22 · www.griesbraeu.de · €

3 穆尔瑙咖啡馆（Schlosscafe Murnau）

来这里品尝一下绝好的咖啡和自家制作的蛋糕。穆尔瑙，Schlosshof大街5号·地图R3·（0 88 41）622 12 · www.murnau.de · €

4 穆尔瑙的阿尔卑斯餐厅（Alpenhof Murnau）

这里可以品尝到巴伐利亚及各国风味美食，还能纵览阿尔卑斯山全貌。穆尔瑙，Ramsach大街8号·地图R3·（0 88 41）49 10 · www.alpenhof-murnau.de · €€€

5 圣·阿尔卑斯餐厅（Restaurant Sonn Alpin）

地处楚格高地海拔2600米（8500英尺）的地方，是德国海拔最高的餐厅。这里有能容纳800人的大看台，能够看到雄伟壮丽的山地风光。地图R4 · www.zugspitze.de · €

6 拜仁路德维希酒店（Hotel "Ludwig der Bayer"）

有修道院酿的啤酒，世界有名的艾塔酒，外加巴伐利亚和各国风味的食物。艾塔，凯萨路德维希广场（Kaiser-Ludwig-Platz）10-12号·地图R4·（0 88 22）91 50 · www.kloster-ettal.de · €

7 林德霍夫堡酒店（Schlosshotel Linderhof）

带小孩的游客可以选择这家餐厅，因为隔壁有个童话城堡。艾塔，林德霍夫附近14号（Ettal,Linderhof Nr.14）·地图R4·（0 88 22）7 90 · www. schlosshotel-linderhof.com · €

8 莱森的格斯特霍夫酒店（Gasthof zum Rassen）

曾是巴伐利亚最早的民间剧院。这里可以享受到最正宗的巴伐利亚风味食物。加米施-帕藤基镇，路德维希大街45号（Garmisch-Partenkirchen, Ludwigstr.45）·地图R4·（0 88 21）20 89 · www.gasthof-rassen.de · €

9 艾布湖"酒店餐厅"（"Das Restaurant" in Eibsee-Hotel）

在优雅的环境里享受本地和各国风味食物，还可以欣赏到艾布湖美景。艾布湖旁，Grainau, Am Eibsee 1-3号·地图R4·（0 88 21）9 88 10 · www.eibsee-hotel.de · €€

10 圣恩霍夫公园酒店（Parkhotel Sonnenhof）

位于上阿默高小镇的科弗（Kofel）山脚下，环境优雅。上阿默高，路德维希街12号（Ober-mmergau,König-Ludwig-Str.12）·地图R4·（0 88 22）91 30 · www. parkhotel-sonnenhof. de · €

注意：除非是特别情况，所有的酒店餐馆均接受信用卡服务，并且可以进出轮椅

考赫尔湖　　本笃伯伦修道院　　爱默湖的迪森

普法芬温克尔的巴洛克式和洛可可式建筑

普法芬温克尔是阿尔卑斯山一个典型的山麓小丘，舒缓的山坡，绿油油的牧场，在森林、沼泽和小湖间交相错落。从地貌上看，这个地区的四周被莱锡河、爱默河、洛伊萨赫河、爱默湖和施塔恩伯格湖的南侧包围，一直延伸到阿默高山脉。这个地方以大量的巴洛克式修道院和洛可可式教堂而闻名，例如本笃伯伦修道院和维斯教堂，二者都是按照韦瑟布伦享誉世界的“灰泥派”艺术风格建造的。这一地区的名称来源于“普法芬（Pfaffen）”这个词，本地人称牧师就是用的这个词，“温克尔（Winkel）”，在本地是角落的意思。普法芬温克尔四周都有美丽的景色，例如：爱默施鲁赫特（Ammerschlucht）峡谷，浪漫的深蓝色山地小湖威尔辛湖，远远望见的群山以及孤单的沼泽地。从慕尼黑驾车到此地可以走A95机动车道或当地的车道B2或B11。当然，火车和公共汽车也是非常便利的。

韦瑟布伦修道院精美的天花板

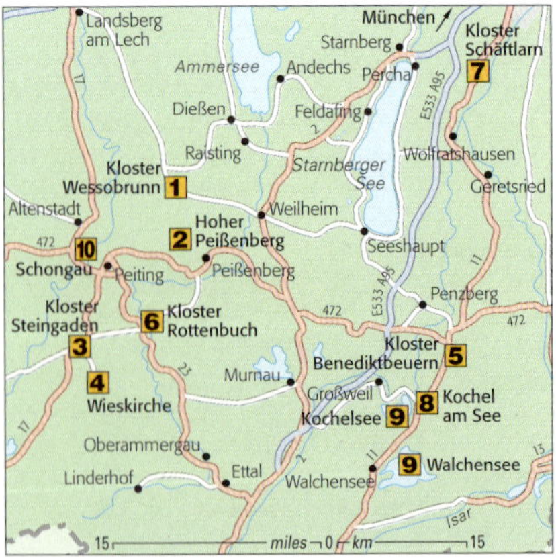

十佳景点

1. 韦瑟布伦修道院
2. 高派森堡
3. 施坦加顿修道院
4. 维斯教堂
5. 本笃伯伦修道院
6. 罗登布赫修道院
7. 沙夫特拉恩修道院
8. 湖边的考赫尔
9. 考赫尔湖和威尔辛湖
10. 施翁高

想获得更多关于普法芬温克尔的信息，请登陆以下网站：www.pfaffenwinkel.de或www.pfaffenwinkel.net

韦瑟布伦修道院内的洛可可式建筑风格

1 韦瑟布伦修道院（Kloster Wessobrunn）

在17和18世纪，韦瑟布伦是灰泥建筑艺术的中心地。修道院的建筑大师和灰泥能工巧匠们在此受训，其中也包括约瑟夫·施姆策（Joseph Schmuzer）（1638年～1752年）和多米尼库斯·齐默曼（Domini-kus Zimmermann）（1685年～1766年），这两个人一直在德国南部修建巴洛克式修道院和教堂。因为施姆策和齐默曼家族，韦瑟布伦的灰泥艺术世界闻名。部分修道院，包括菲尔斯滕特拉科特（Fürstentrakt）和塔希洛（Tassilo）的长廊，是对公众开放的。最古老的德语手稿之一——成稿于800年前的《韦瑟布伦祈祷书》，曾经收藏在修道院图书馆中。现在它被珍藏在慕尼黑的巴伐利亚国家图书馆（Bayerische Staats-bibliothek）中。地图R3 · 电话：（0 88 09）9 21 10 · 3月～10月：上午10点至下午3点或4点（星期二～星期六），下午3点至4点（星期日）；11月～2月：下午3点（星期二～星期六），下午3点至4点（星期日）· www. parkhotel-sonnenhof.de · 免票

2 高派森堡（Hoher Perßenberg）

海拔近1000米（3300英尺），高派森堡不仅是普法芬温克尔的地界中心，也是饱览阿尔卑斯山脚下美丽风光的绝佳地点。从这里放眼望去，映入眼帘的是绵延起伏的群山，波光粼粼的湖水。从1781年，人们开始记载这里的气象信息，首先是由附近的罗登布赫（Rottenbach）修道院（见122页）的奥古斯汀开始的。可以到巴伐利亚瑞齐咖啡馆吃点心，咖啡馆的特色就是有一个大看台。地图R3 · www.bayerischer-rigi.de

3 施坦加顿（Kloster Stein-gaden）修道院

1147年，普利蒙斯特瑞腾西恩斯（Premonstratensians）在威尔弗六世（Welf Ⅵ）执政期间修建了这个修道院。这是在当时巴伐利亚修道院生活最重要的中心地。保留下来的残留建筑包括有着拱顶的罗马式长廊和一个罗马式长方形大教堂，教堂的外部保留完好。修道院内部是按洛可可风格装修的。地图R3 · 电话：（0 88 62）2 34 · 夏季：每天上午8点至下午6点；冬季：每天上午8点至下午5点 · www.steingaden. de · 免票

施坦加顿修道院内的罗马式回廊

《韦瑟布伦祈祷书》刻在当地一家邮局招待所前的巨石上

维斯教堂华丽的洛可可式内部装潢

4 维斯教堂（Wieskirche）

维斯教堂是格盖森尔滕海(Gegeißelten Heiland）地区的朝圣之地。此地处于施坦加顿修道院(1746年～1754年）附近的维泽(Wiese）地区，是洛可可艺术最杰出的代表。维斯教堂是建筑师和灰泥艺术大师多米尼库斯·齐默曼的顶峰之作。联合国教科文组织（UNESCO）在1984年将维斯教堂列入世界文化遗产。地图R3· （0 88 62）501·开放时间：夏季 每天上午8点至晚上7点；冬季 每天上午8点至下午5点 · www.wies-kirche.de ·免票

5 本笃伯伦修道院(Kloster Benediktbeuern)

本笃伯伦修道院是阿尔卑斯山脚下最古老的修道院之一。卡尔大帝（Karl the Great）对圣·邦尼菲斯（St Boniface）断臂的保留大大地提升了修道院的地位，使之成为了德语国家最重要的宗教膜拜圣地。建于1669至1679年，这个巴洛克式的修道院至今仍保存完好。威廉（Weilheim）的卡斯帕·费希特梅尔(Kaspar Feichtmayr）按照意大利晚期的洛可可式建筑建造了这个带有双塔的修道院。由于时间久远，修道院图书馆的藏书中包括《卡米纳·布拉纳》，它收集了中世纪最重要的教堂歌曲。这个文稿可以追溯到13世纪，目前被收藏在巴伐利亚国家图书馆里。后来追随世俗生活，修道院的娱乐地曾被用来作为玻璃厂。在19世纪初，它被用作光学研究所，由著名的光学家和物理学家约瑟夫·冯·弗劳恩霍夫（Joseph von Fraunhof）(1787年～1826年）主持，约瑟夫发现了太阳系光谱波纹，并以他的名字为其命名。今天，修道院用来为教育学和Silesian Order神学机构提供住宿之地。地图S3·电话：（0 88 57） 880·修道院(Kloster）开放时间：每天上午9点至下午5点 · www.kloster-benediktbeuern. de·格拉斯须特(Glashütte） ·3月～10月，每天上午9点至下午5点·免票

6 罗登布赫（Kloster Rottenbuch）修道院

此修道院是由威尔弗四世（Welf Ⅳ）为纪念奥古斯汀·加恩斯于1073年建造的。这座修道院采用了罕见的兼有罗马式、哥特式和洛可可式的建筑风格。18世纪中期，约瑟夫·施姆策和他的儿子用精美的灰泥艺术对修道院的内部进行了装潢。地图R3·电话：(0 88 67）10 08·每天上午8点至下午5点（夏季延长到下午7点） ·免票

韦瑟布伦灰泥艺术

17和18世纪，最伟大的灰泥艺术家就来自于韦瑟布伦的修道院。约翰纳·施姆策（Johann Schmutzer）(1642年～1701年）被公认为是韦瑟布伦派艺术之父。施姆策、齐默曼和费希特梅尔家族的名声响遍了欧洲。灰泥艺术精品在许多修道院都能看到，例如：韦瑟布伦、艾塔、罗登布赫、弯加腾（Weingaten)、茨威法腾（Zwiefalten)、奥托伯伦（Ottobeuren)、巴德·沃利施奥芬（Bad Wörishofen）和施坦加顿。

1937年，慕尼黑作曲家卡尔·奥夫（Carl Orff）(1895～1982）将部分中世纪《卡米纳·布拉纳》中的教堂歌曲重新谱了曲

7 沙夫特拉恩（Kloster Schäftlarn）修道院

早在公元762年，本笃会的僧侣们就在此地建立了这个修道院。今天的沙夫特拉恩修道院是在1702年～1707年间建成，由吉奥瓦尼·A·维斯卡迪（Giovanni A Viscardi）设计的。1760年，人们为这个修道院举行了奉献仪式。沙夫特拉恩修道院是巴伐利亚洛可可艺术的顶尖之作。修道院大部分的灰泥装饰工程是由齐默曼家族完成的。修道院旁边的啤酒园是小型正餐会的理想地点。地图S3 · www.abtei-schaeftlarn.de · 免票

考赫尔附近威尔辛湖景色

8 湖边的考赫尔（Kochel am See）

在这个著名湖边景区的中心，坐落着一座纪念碑，是为了纪念在1705年抗击奥地利农民起义中的英雄——带有传奇色彩的铁匠巴尔提斯（Balthes）而修建的。这里也是画家弗兰茨马尔科（Franz Marc）在20世纪初期曾经生活和工作过的地方。现在，他的故居已经成为了博物馆，展出他和他的“蓝骑士派”朋友的作品。地图S3 · 电话：（0 88 51）71 14 · 3月～1月中旬 星期二～星期天下午2点至6点 · www.franzmarc-museum.de · 凭票进入

米歇尔教堂的罗马式圣水器

9 考赫尔湖和威尔辛湖（Kochelsee & Walchensee）

约有一半的考赫尔湖被陡峭的群山包围，占地仅不到6平方公里（2.5平方英里），而在某些地方湖水深达66米（215英尺），湖岸有许多供徒步旅行的小路。在离考赫尔湖南岸不远，海拔高约200米（655英尺）的地方，坐落着翡翠色的威尔辛湖。威尔辛湖占地16平方公里（6.5平方英里），最深处深达190米（650英尺），是德国最大最深的山地湖。在夏天，这里是冲浪的天堂。乘坐缆车您可以欣赏到两个湖的湖水汇向赫丘斯坦（Herzogstand）（1750米/5700英尺）的美景。地图S4 · 赫丘斯坦缆车（Herzogstandbahn） · 电话：（0 88 58）2 36

格伦特莱登旁（Glentleiten）的弗莱利锡（Freilichtmuseum）博物馆

弗莱利锡博物馆建于1976年，位于美丽的阿尔卑斯山脚下的穆尔瑙和考赫尔小镇之间，是上巴伐利亚最大的露天博物馆。一个古老的巴伐利亚小村庄就坐落在这里，村庄里有原始的农家小屋、磨坊、制陶厂、手工工场等。这里还有一个带有啤酒园的酒店。4月～11月上午9点至下午6点（星期二～星期日）其中7、8两个月上午9点至下午6点（每天）· 凭票入内 · www.glentleiten.de

10 施翁高（Schongau）

这个风景如画的小镇坐落在莱锡河畔的山脚下。古老的带有小路、高塔和大门的镇墙赋予了小镇中世纪的氛围。距离小镇北面3公里（2英里）的老城（Altenstadt）教堂，在小镇外扩之前曾是这里的中心。老城教堂融合了米歇尔教堂和最精美的罗马式拱形大教堂的建筑风格。这里收藏着许多珍宝，包括罗马式圣水器。教堂建于1200年。地图R3 · www.schongau.de

位于藻格鲁布和帕森堡之间的爱默施鲁赫特峡谷，是漂流爱好者的天堂。这里的施莱尔大瀑布（Schleier waterfall）非常壮观

基姆湖上的圣母基姆修道院

巴德·托尔茨小镇的温泉

上巴伐利亚的湖泊和小镇

位于半阿尔卑斯地带的上巴伐利亚到处都是自然景观，有冰川季形成的绵延起伏的湖边群山，宁静的沼泽湖，奔流的山地小溪，还有风景如画的小镇和村庄。图尔兹景区和基姆高景区尤其如此，对于度假者来说这两个景区无异于人间天堂。对于运动狂热者来说，这里可以滑雪、登山、骑车，还可以在温克尔的莱特和施匹青湖上冲浪。文化爱好者可以去参观古老的修道院和巴洛克式教堂，例如圣母基姆（Frauenchiemsee）修道院和霍恩阿绍（Hohenaschau）修道院。周末旅行者可以有许多短游方案可以选择，例如：罗特堡修道院和泰戈恩湖。温泉爱好者可以到巴德·托尔茨小镇等温泉小镇，在有按摩效果的奈普水中疗养和休息。从慕尼黑驾车到托尔茨小镇和基姆高，可以走A8道或走当地的B318或B427道。到此地的铁路和公共汽车也很便利。

巴德·托尔茨小镇的海玛特博物馆传统的彩漆衣柜

TOP 10 十佳景点

1. 巴德·托尔茨小镇
2. 罗特堡修道院
3. 泰戈恩湖
4. 施利尔湖
5. 施匹青湖
6. 冷格里斯
7. 拜利施采尔附近的温代尔施坦
8. 基姆湖
9. 温克尔的莱特
10. 霍恩阿绍官

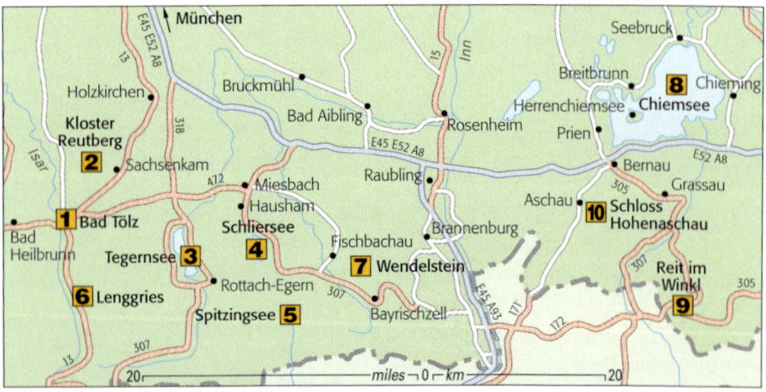

德国的阿尔卑斯大道恰好穿过这一地区，因此在这条机动车道上行驶可以饱览美丽的风景

1 巴德·托尔茨小镇（Bad Tölz）

巴德·托尔茨小镇坐落在伊萨河从阿尔卑斯山谷流向山脚的地方，是一个很受欢迎的温泉和冬季疗养地。在河的右岸，就是这个风景如画的老镇，这里有著名的马克大街（Marktstraße），两旁是灰泥艺术的外墙，墙上有箴言和湿壁画。阿尔帕玛勒（Alpamare）公园这个德国最大的水上公园，也吸引着喜欢温泉的游客。老镇最吸引人的就是每年一度的狂欢节花车游行，游行在11月6号这一天，是为了向马匹的赞助人圣·里奥哈德致敬（St Leonhard）。这是上巴伐利亚最大的一次穿传统服装的游行。地图S3·阿尔帕玛勒（Alpamare），Ludwig大街14号·电话：（0 80 41）50 99 99·www.alpamare.de

巴德·托尔茨小镇的伦纳德狂欢节的花车巡游队

2 罗特堡修道院（Kloster Reutberg）

修道院坐落在巴德·托尔茨小镇附近的一座小山顶上，是17世纪弗兰西斯肯·奥德姐妹（Sisters of Franciscan Order）建立的。这个巴洛克式的修道院是向公众开放的。从修道院的啤酒园可以看到阿尔卑斯山脉的壮观景象。可以悠闲漫步到附近的基藤湖（Kirchsee），那里是个夏季游泳的好去处。Sachsenkam·地图S3·免票

巴德·托尔茨小镇的圣母玛利亚

从湖面望去的施利尔湖小镇

3 泰戈恩湖（Tegernsee）

泰戈恩湖是上巴伐利亚最大的山地湖，周围是林木葱笼的群山。湖占地面积9平方公里（3.5平方英里），长6公里（3.5英里）。由于环境优雅，路况良好，并且距离慕尼黑只有50公里（30英里），因此，从19世纪以来，泰戈恩湖成了夏日休闲理念中最受欢迎的短游和假日游的目的地。泰戈恩湖、巴德威斯湖（Bad Wiessee）和罗塔赫埃根（Rottach-Egern）将湖边的小镇连在了一起，形成了一幅美丽的风景画，吸引着夏季和冬季的游客。在巴伐利亚少有的几家赌场中，有一家就在巴德威斯湖。地图T3·Bayerische Spielbank巴德威斯，威奈尔（Winner）大街1号·电话：(0 80 22) 9 83 50

4 施利尔湖（Schliersee）

位于阿尔卑斯山的边缘，尽管没有泰戈恩湖那么有名，施利尔湖只是以湖本身吸引着游客。它的美丽主要来自于它周围的山。施利尔湖温泉小镇最有魅力的地方之一就是圣·西克思特斯（St Sixtus）大教堂，教堂中有18世纪约翰纳·B·施姆策（Johann B Zimmerman）绘制的是壁画。如果你想尝试一下行走在乡下小路的感觉，你可以选择绕湖行走7公里(4英里)。地图T3

巴德·托尔茨小镇是个相对来说新的温泉小镇，含碘丰富的泉眼是1946年被发现的

冷格里斯附近的布劳恩耐克山脊小径

5 施匹青湖（Spitzingsee）

浪漫而宽广的施匹青湖（1100米/3600英尺）吸引着夏日里来此的徒步登山爱好者。在冬日里，滑雪爱好者可以来这里享受30公里（19英里）长的洁净而宽广的滑雪道，并且有18辆缆车和滑雪升降车在这里为游客服务。这里是德国最大的连续的滑雪场。地图T4

6 冷格里斯（Lenggries）

坐落在伊萨温克尔（Isarwinkel）地区的伊萨河旁，冷格里斯是个健康安全的冬季旅行好去处。这里是去往山地短途旅行的绝好的出发点，例如到布劳恩耐克峰，徒步或乘缆车都可以到达。地图S3 · Bergbahn · 电话：（0 80 42）50 39 40 · www.brauneck-bergbahn.de

7 拜仁施采尔附近的温代尔施坦（Wendelstein near Bayrischzell）

从温代尔施坦的顶峰，登山者就能看到这一地区最美丽的景色之一。如果天气晴朗，就能清晰地看到大格劳克纳（großglockner）。这里有一个气象站和观测站，还有传统的山地旅馆——韦特施坦因旅馆。这里有最古老的阿尔卑斯齿轨铁道（1912年）为您服务，从1970年开始，就可以坐缆车到达顶峰。地图S3 · Wendelstein Berg-bahnen · www. wendelstein-bahn.de

基姆湖旧宫殿

1130年左右，在海伦基姆湖本笃会修道院的基础上修建了一个奥古斯汀·加因神学院（Augustine Canon's seminary）。神学院采用巴洛克风格建造，于1803年关闭。路德维希二世在1873年买下了这块地方并在这里修建了新宫殿，把以前的神学院改成了私人住所——旧宫殿。这里展出了1948年签署并通过的《德意志联邦共和国宪法》。

8 基姆湖（Chiemsee）

基姆湖占地80平方公里（30平方英里），是巴伐利亚最大的湖，有“巴伐利亚之海”之称。这一地区的景点有，海伦基姆湖（Herrenchiemsee）群岛、新宫殿和旧宫殿，以及圣母基姆湖（Frauncbiemsee）上的18世纪的修道院。地图U3

基姆湖有“巴伐利亚之海”之称

9 温克尔的莱特（Reit im Winkl）

位于奥地利的边境地带，坐落在一个冰雪带中，所以成了巴伐利亚阿尔卑斯地区最好的滑雪场。在温克慕萨尔姆附近有非常好的滑雪场，这里也是奥林匹克运动会滑雪健将罗斯·米特迈尔家乡。地图U3

10 霍恩阿绍宫（Schloss Hohenaschau）

建于12世纪。这里的教堂和慈善之家——普里恩特博物馆，是按照文艺复兴（16世纪）和后巴洛克（17世纪）艺术风格建造的。阿绍（Aschau）· 地图U3 · 4月～9月，上午9点30分、10点30分、11点30分（每周二开放）；5月～9月，上午9点30分、10点30分、11点30分（星期二～星期五）· 只能由导游带领参观 · 凭票入内

想获得更多关于温克尔的莱特（Reit im Winkl）的信息，请登陆网站www.reit-im-winkl.de

施利尔湖边的特洛法餐厅

价格分类		
供单人享用的三道菜，	€	30欧元以下
加上一杯啤酒	€€	30～40欧元
或酒（或同等的食物），	€€€	40～50欧元
税费和	€€€€	50～60欧元
服务费	€€€€€	60欧元以上

TOP10 咖啡馆和餐厅

1 Grünerbröu 餐厅
质朴的巴伐利亚小餐厅，这里有巴德·托尔茨小镇酿造的散装啤酒。推荐品尝一下这里的Gansjung（鹅）或汤团（dumpling dishes）。巴德·托尔茨小镇市场大街8号·地图S3·（0 80 41）60 91·www.gasthof-gruenerbraeu.de ·€

2 Bräustüberl Reutberg修道院餐厅
添加了修道院酿制的啤酒，这里的巴伐利亚风味食物更加美味。阿尔卑斯山脉的壮丽风光也为本餐厅增添了不少光彩。Sachsenkam, Am Reutberg 2·地图S3·（0 80 21）86 86·www.klosterbrauerei-reutberg.de ·€

3 泰戈恩湖的Schlossgaststätte餐厅
在宽敞的啤酒园阳台上，准备了传统的烤猪肉和冷啤酒，在阳台上可以欣赏湖对岸的美景。泰戈恩湖·地图T3·（0 80 22）45 60·www.schlossgaststaette.de ·€

4 Wallberg 全景餐厅（Panoramarestaurant）
1998年开放，餐厅位于Wallberg顶峰（1700米/5650英尺）之下100米（330英尺）处。在这里能看到阿尔卑斯山脉和泰戈恩湖的壮观景色。Rottach-Egern, Am Wallberg 1 ·地图T3·（0 80 22）68 00·www. wallberg-restaurant.de ·€

5 Reindlschmiede 兰德加夫餐厅（Landgasthof）
巴德·托尔茨小镇旁的小餐厅，有自制蛋糕和巴伐利亚口味的食物。Bad Heilbrunn，Reindlschmiede·地图S3·（0 80 46）2 85·www.rei-ndlschmi-ede.de ·€

6 上费尔施塔（Obere Firstalm）的伯格加夫餐厅（Berggasthof）
这里有正宗的巴伐利亚食物，并且价格优惠。施匹青湖·地图T4·（0 80 26）97 79 44·www.hotel-firstalm.de ·€

7 温克尔姆萨尔姆（Winklmoosalm）
这里是下坡滑雪天才罗斯·米特迈尔童年成长的地方。现在徒步登山者能够在沐浴着阳光的大露台上享受咖啡和自家制作的油酥点心。Reit im Winkl，Winklmoosalm·地图U3·（0 80 40）9 74 40·www.winklmoosa-lm.de ·€

8 Inselhotel Zur Linde餐厅
有着600年历史的传统餐厅，以家常蛋糕和美味的巴伐利亚食物著称。基姆湖的Frau-eninsel·地图U3·（0 80 54）9 03 66·www.inselhotel-zurlinde. de ·€

9 海伦基姆湖（Herrenchiemsee）的施劳斯餐厅（Schlosshotel）
这里有巴伐利亚和各国风味的食物，并且可以欣赏基姆湖的风光。海伦基姆湖·地图U3·（0 80 51）6 90 30·www.schlossho-tel-herren chiemsee.de ·€€

10 特洛法餐厅（Gasthof Terofal）
坐落在施利尔湖中心，有着500多年的历史。美味的传统巴伐利亚食品。一个大众剧院正在此修建。施利尔湖，Xaver-Terofal-Platz 2·地图T3·（0 80 26）9 23 50·www. hotel-terofal.de ·€

注意：除非特别说明，所有酒店餐馆均接受信用卡消费，并且可以进出轮椅

伯克豪森的城堡　阿尔图汀卡佩尔广场　阿莫朗宫

TOP10 伊恩河沿河风光

1 伊恩河边的罗特（Rott am Inn）教堂

在伊恩河高高的河岸上，坐落着圣马利努斯和安尼亚努斯（Sts Marinus und Anianus）修道院，这是巴伐利亚洛可可艺术的精品。1758至1763年间，约翰纳·麦克·费施尔（Johann Michael Fischer）重新修建了这座教堂，把罗马式的东塔纳入他的设计中。教堂内部的空间设计和精美的装饰令人惊叹。地图T2

2 阿莫朗宫（Schloss Amerang）

这个宫殿坐落在同样名字的小镇南边，周围都是自然形成的深沟。从外面看，宫殿看起来像是一个中世纪的城堡。修道院似的院落能追溯到16世纪的后半叶。宫殿的传音效果非常好，所以夏天来这里听音乐会是再好不过的了。地图U2 · 复活节～9月中旬：上午10点、11点、12点、下午1点、2点（星期二～星期日）· www.schlossamerang.de

瓦瑟堡的哥特式市政厅

3 阿特尔修道院（Kloster Attel）

建于1715年，这个巴洛克式教堂属于本笃会修道院，这里很值得一游。在宏伟的教堂入口处，有一块公元204年的罗马记忆石。哈格拉芬（Hallgrafen）时代的遗址——雷姆堡（Limburg），以前就位于这个修道院旁。通过把小国迁往瓦瑟堡，这个家族引起了镇上的文化热潮。地图T2

4 瓦瑟堡（Wasserburg）

瓦瑟堡位于伊恩河的一个勺子形的岸边上，地理位置非常有利。作为伊恩河地区的特色地，这个老镇以它宽而开放的广场和落满树叶的拱形人行道为特色。街上都是一排排的老屋，有着多彩的外墙和漂亮的窗户以及有台阶的山墙。所有的这些因素使瓦瑟堡有了一种意大利的气息。为了更好地欣赏这个令人眩目的风光，您可以到河对岸的美丽景观（Schöne Aussicht）了望台去。一条排满了艺术品的可爱小径延伸在伊恩河岬上。地图U2

5 伊恩河畔的加斯（Gars am Inn）

这个修道院是以前的奥古斯汀·加因神学院（Augustine Canon's seminary），是由嘎斯帕勒（Gaspare）和杜门尼克·祖卡利（Domenico Zucalli）在1661至1690年间按照早期巴洛克风格建造的。修道院内部是精美的灰泥艺术。地图U2

6 伊恩河畔的奥尔修道院（Au am Inn）

奥尔修道院由奥古斯汀·加因斯

为了方便您在这个地区制定路线计划，这两页的景点是按照地理位置排列的

（Augustine Canons）于12世纪开创，占领了伊恩河拐角处一个风景如画的地带。修道院在18世纪的一场大火之后被重新整修。以前装饰着壁画的图书馆，是这个修道院的一大亮点。而今，修道院成了一个带有啤酒花园的餐厅。地图U2

7 Mühldorf小镇

这是个风景如画的小镇，坐落在伊恩河半岛上，在中世纪的时候，这里还是个重要的交易站。老镇上有个长500米（1650英尺）的市场广场，广场沿着河岸都是典型的小镇房屋，房屋有着罗马式的拱廊和有阶梯的山墙。市区大门是广场的边缘。有着罗马式地下室的Nagelschmiedturm值得一看。地图U2

8 阿尔图汀小教堂（Altötting）

巴伐利亚最古老的朝圣之地，阿尔图汀教堂坐落在伊恩河右岸附近的一座小山上。这是个中间有通道的八角形小教堂，这个神圣的小教堂可以追溯到公元750年。后来，教堂扩建，多了一个正厅。教堂内部的最东端有个贝壳形状的壁龛，里面放着一个银色的圣体盘，盘中盛放着用酸橙木刻成的“我们敬爱的阿尔图汀女王”（Our Dear Lady of Altötting），用来还愿的即黑色玛丽亚（Black Madonna）雕像。这里的另一个特色就是重现了当时在耶路撒冷的Golgotha的耶稣受难场面（Crucifixion），这一场景位于市中心一个穹形建筑中。这是对基督受难（Passion of Christ）的纪念性描绘，生动的人物形像突显了十字架的重要地位。地图V2

守卫天使——伯克豪森

9 伯克豪森（Burghausen）

伯克豪森在中世纪的时候经历了它的鼎盛时期，当时这里是盐的交易中心，并且很偶然地成了维特尔斯巴赫王朝（Wittelsbachs）的第二个政府所在地。这个德国最大的城堡之一非常令人着迷。建于1255年，在15世纪末的时候，伯克豪森被加进了城堡中并且成为了一个独立的城堡。伯克豪森其他的亮点包括歌特式的雅各布教堂、16世纪的市政厅以及18世纪的舒茨·恩吉尔（Schutzen-gel）教堂，这些都位于市场广场上。地图V2·城堡开放时间：4月～9月，每天上午9点至下午6点；5月～9月，每天上午10点至下午2点·凭票入内

10 提特莫宁（Tittmoning）

这是东巴伐利亚最美的小镇之一。在盐贸易衰落之后，小镇仍然保留了原有的历史形象。两扇城市大门把我们带进了不规则四边形的小镇广场，广场上是灰泥砌的房屋。在镇上的小山上有一座13世纪的城堡，在那里可以俯瞰到小镇周围村庄的景象。地图V2·城堡开放时间：5月～9月，下午2点（星期五～星期三）·凭票入内·www.tittmoning.de

每年的4月末5月初，在伯克豪森都要举行一个远近闻名的国际爵士乐周

HACKER-PSCHORR
Weinstraße
swerter Donisl
chfilet gebacken
gerbraten
Kein Gericht über DM 11.-
München muß nicht teuer s
¼ Mastente
Ochsenbraten
Kein Gericht über DM 11.-

慕尼黑十佳

资讯一点通

实用信息

住宿信息

慕尼黑地区的高速公路

汉莎航空公司的飞机

TOP 10 计划行程

1 何时出发
慕尼黑一年四季都值得参观。春夏秋三季都是阳光明媚，冬季的阳光虽然不是那么灿烂，却也是让人流连忘返，比如有各种的文化活动，当然了，到阿尔卑斯山的滑雪也是必不可少的项目。

2 气候
1月份的慕尼黑晴空万里，4月的天空就有点变化无常了，5月份的天气要么像夏天，要么就比较温暖，也有可能相当寒冷了。官方的啤酒公园季节开始于5月。慕尼黑附近的湖泊8月份都是最温暖的。秋天的气温还像夏天一样，尤其适合在乡间漫步。

3 资讯
官方旅游局是提供资讯的绝佳单位，无论是在慕尼黑和加米施-帕藤基的旅游局都行。如果需要的话，可以把信息邮寄给您。www.muenchen.de · www.garmischpartenkirchen.de · www.badtoelz.de

4 互联网
慕尼黑的大部分景点、机构以及重大事件都会在网络上有链接。只要在您所选择的搜索引擎里简单输入一下主题词，并注上“慕尼黑”的说明即可。

5 旅行保险
欧盟的游客应该随身携带他们保险公司给他们的E111保单，以保证他们享受免费的或者是减免的医疗服务。出门旅行前，您务必问清楚保险公司您的保单都涵盖哪些项目，您可能还会购买一些额外的保险。对于来自于非欧盟国家的游客，我们建议大家在旅行前要有一份周密的保险，包括意外事故险、生病险和偷盗险。取消某些保险同样也是值得的。

6 签证和护照
来自欧盟、加拿大、澳大利亚、新西兰和美国的公民，只要在德国的逗留不超过90天，是不需要签证的。南非的游客需要签证。欧盟的公民不需要护照，只要有自己照片的国家身份证就可以进入德国境内。鉴于过去几年安全标准的提高，在德国旅行的时候，您最好把有照片的身份证一直带在身上。

7 海关
非欧盟国家17岁或以上游客容许携带200支香烟、1升烈性酒或2升葡萄酒入境。枪炮是不容许带入的。对于欧盟的公民来说，只要是私人物品，海关是不设限的。

8 地图
当地的旅游局有免费的慕尼黑地图提供。包括巴伐利亚（Bavaria）在内的周围地区地图可以在书店、市中心的百货商店以及加油站买到。

9 驾驶执照
欧盟和西方国家的游客只需他们自己国家的驾驶执照就可以了，其他国家的游客则需要国际驾驶执照。

10 计划您的旅程
慕尼黑的主要景点在一周内大概就可以玩遍。如果您想去新天鹅石城堡、阿尔卑斯山或者风景如画的巴伐利亚上游的城镇湖泊做短程旅行的话，那您就要计划一个时间稍微长点的旅程了。

领事馆

英国总领事馆
别克雷恩大街（Bürkleinstrasse）10号
80538 慕尼黑
· (089)21 10 90
· info.munich@fco.gov.uk
· www.britischebotschaft.de

美国总领事馆
库尼根大街（Königinstraße）5号
80539 慕尼黑
· (089) 28 88 623
· http://usembassy.state.gov/munich

要了解更多关于德国和慕尼黑的信息，请登录：www.muenchen.de和www.auswaertiges-amt.de

慕尼黑中央火车站

机场巴士

TOP 10 抵达慕尼黑

1 慕尼黑机场

新建了2号航站楼的法兰茨-约瑟芬-斯达斯（Franz-Joseph-Strauß）机场是重要的航空运输枢纽。大部分的国际和国内航班都从此经过。它是一个集商务、饭店于一身的综合体，还有医务室和医疗保险中心，附近是一个小医院M的机场门诊部。航班信息查询：(089) 97 52 13 13 · www.munich-airport.de

2 航线和票价

法兰茨-约瑟芬-斯达斯机场的1号和2号航站楼内的售票处有100多条的航线可供选择。普通票和特殊舱位，请点击各大航空公司的网站。德意志英航线：(01 80) 535 93 22 · www.flydba.com · 德国汉莎航空公司：(01 80) 58 38 42 67 · www.lufthansa. de

3 机场到城区

坐落在A92号公路的慕尼黑机场，距离市区28公里（17英里）。轻轨1号线和8号线直接接入机场，花上37分钟就能到达玛林广场（Marienplatz），乘坐机场巴士45分钟就能到达中央火车站，坐出租者亦可。

4 乘火车抵达

无论您是从柏林出发，还是从巴黎、阿姆斯特丹、罗马或布达佩斯出发，来自各个方向的火车都会到达中央火车站。中央火车站每天白天都会有3班火车直达欧洲主要几国首都，更有大量的车次开往南巴伐利亚。www.hauptbahn. hof-muenchen.de

5 德国火车

德国的火车和铁路线路都是由德国火车股份公司经营管理。长途路线有大战特快列车（ICE），大战快车（IC），欧洲大战快车（EC）；该公司还拥有区间快车（IR）和区间特快列车（RE）的短途线路经营权。轻轨将半径50公里（30英里）以内的城镇和社区都连接起来。如果您想乘火车出行的话，提前预订会节省一大笔费用。www.bahn.de

6 火车东站（Ostbahnhof）

有些大站快车（IC）和欧洲大站快车（EC）停靠在火车东站（Ostbahnhof）。这个火车站既是发往南部和东部地区的火车始发站，也是发往德国南部和意大利的汽车的始发站。www.reis eauskunft.bahn.de · www. autozug.de

7 乘长途汽车抵达

在中央火车站隔壁的中央汽车站有多条长途线路。最受欢迎的线路都是由欧洲线路（Eurolines）公司和德国旅游有限责任公司经营。汽车站同时也为了巴伐利亚上游地区（和一些偏远地区）游客中心提供了大量的汽车线路。www.eurolines.com · www.deutsche-touring.com · www.rvo-bus.de

8 自驾车抵达

六条高速公路从六个方向通向慕尼黑（萨尔斯堡8号公路、旅大〈Lindau〉96号公路、斯图加特8号公路、柏林的9号公路、加米施-帕藤基的95号公路和德根多夫92号公路）。高速公路的环线路段使得您可以部分绕过慕尼黑。如果您想进入城区的话，那就得再开两个环线：中央环线和旧城区环线。

9 租车抵达

所有大的汽车租赁公司，包括埃韦斯（Avis）、欧洲汽车（Europcar）、赫尔茨（Hertz）和慕尼黑斯克斯托（Sixt）公司，它们在机场和中央火车站都有办公室。www.avis.de · www.europcar.de www.hertz.de · www.e-sixt.de

10 道路规则

慕尼黑城区限速为50公里/小时（30米/秒）。安全带必须一直系上，12岁以下的儿童必须在后排乘坐。

轻轨的标志

慕尼黑交通税务协会（MVV）汽车

TOP 10 玩转慕尼黑

1 地铁

地下列车很现代化，乘坐起来很舒服。几乎所有的地铁站都有无障碍通道方便轮椅通行。市区目前已开通的有八条线路。地铁现在已经全线通车，到达新建在福特曼宁（Fröttmaning）的世界杯体育场（Allianz Arena）。上地铁时，要注意车驶方向以及目的地，以免上错车。

2 轻轨

轻轨从市中心遍布到各个方向，如果您去城镇、湖泊和其他附近区域游览的话，轻轨应该是一个绝佳的选择。轻轨也是城市交通枢纽重要的一部分。轻轨的中心是哈克布吕克（Hackerbrücke），一直延伸到火车东站（途径中央火车站、史达胡斯广场和玛林广场），可以换乘地铁、巴士和有轨电车。轻轨（1号线和8号线）将市中心和机场连接起来，且价格实惠。大部分的轻轨站都有无障碍通道方便轮椅通行。

3 有轨电车

有轨电车通常不像轻轨和地铁那样拥挤，乘坐有轨电车也很有吸引力，因为乘客们可以边走边观光城市。18路和19路经过老城区，不失为便宜观光的上佳选择。开往绿森林区的25路更是风光无限。大部分的有轨电车都有斜坡通道方便轮椅通行。

4 巴士

城市巴士比较适合作短途旅行。大部分的巴士站都可以换乘轻轨和地铁。100路巴士途径多个博物馆（见36页）。有特殊标记的巴士还有斜坡通道方便轮椅通行。

5 车票

所有的公共运输都由慕尼黑交通税务协会经营，采用同一票制，乘客可在地铁、轻轨站的自动售票机上购买，也可在有轨电车和巴士上购买。这个城市和其周围区域被分成四个区，票价是视您所乘坐区的数量而定。有以下几种票种可供选择：多程票、单程票和日票。周票和月票也可以买到。参观者最好是买日票以更好地利用，比如可以买慕尼黑欢迎卡(参见138页)，此卡在市政厅、中央火车站、机场和其他场所皆可购买，或者您可以购买城市旅行卡(www.citytourcard.com)，此卡可供游客在所有的交通工具上使用，还能享受博物馆和剧院的优惠门票。在上火车前，您必须把票放进检票机检票，检票机一般是在火车站台的上面。

6 轿车

在慕尼黑驾车非常痛苦，交通拥堵不堪，高峰期的堵车更是司空见惯，当地的司机不得不临时改变行车路线。街上的停车位很难找到，而且停车费昂贵。

7 自行车

慕尼黑是座喜欢自行车的城市，有很多自行车车道，自行车可以租，而且价格公道。租车电话（07 00）05 22 55 22 · 迈克自行车旅游（089）25 54 39 87

8 步行

探索旧城区最好是步行。其他一些容易步行探索的地方包括施瓦宾格区（Schwabing）、海德豪森区（Haidhausen）、伊萨沙洲（Isar banks）和新豪森区（Neuhausen）。

9 出租车

您可以通过电话叫出租车，也可以在街上招一辆或者在遍布城市的的士站坐出租车。租车电话（089）1 94 10 或者 2 16 10 · 伊萨无线电台（Isarfunk）（089）45 05 40

10 白蓝汽船公司（Weißblaue Flotte）

巴伐利亚海船运输公司管理着爱默湖和施塔恩贝克格湖泊的短途船舶旅游。电话：(0 86 52) 96 360 · www.bayerische-seen-schifffahrt.de

有关公共运输和个人线路的详细信息，请登录：www.mvv-muenchen.de

观光巴士

白蓝汽船公司经营的船只

报摊

TOP10 资讯和旅游向导

1 旅游办公室

慕尼黑的旅游局旅游业管理处有三个信息亭：分别位于玛林广场的市政厅、中央火车站和机场。在这些地方，游客们可以获取信息和享受一些特殊服务——从城市地图到房间预订等。www. muenchen-tourist.de/service

2 慕尼黑票务

慕尼黑票务公司提前预售大部分重大的表演和活动的票，包括戏剧、音乐会和节日等。票务公司在市政厅、加斯泰格文化中心、中央火车站的旅游办公室和奥林匹克公园的信息亭有售票处。电话：(089) 54 81 81 81 · www. muenchenticket.de

3 巴伐利亚城堡管理局

巴伐利亚城堡管理局提供关于巴伐利亚城堡、官殿、公园和湖泊的信息。此局还提供向导旅游服务。电话：(089) 179 08 444 · www.schloesser.bayern.de

4 交通地图

免费的慕尼黑交通运输地图可以在中央火车站、玛林广场获取，也可以在慕尼黑交通税务协会的网站上下载。每个区在地图上都用不同的颜色标示出。www.mvv-muenchen.de

5 观光旅游

经营者们提供城市观光旅游和一日游，并且提供不同语种的导游。大部分的旅游都从中央火车站发团。慕尼黑城市环绕游，电话：(089) 55 02 89 95 · 全景旅游 (Panorama)，电话：(089) 54 90 75 60 · www.city-sightseeing.com

6 特殊城市旅游

有些经营者提供有趣的向导主题旅游（比如慕尼黑新艺术、在慕尼黑的犹太人历史、啤酒和区域旅游），还有有轨电车游、自行车游和残疾游客的旅游。慕尼黑城市旅游 (Stattreisen)，电话：(089) 54 40 42 30，www.stattreisen-muenchen. de · 慕尼黑城市之鸟，电话：(089) 13 94 27 34，www.weisser-stadtvogel.de · 车道转换 (Spurwechsel)，电话：(089) 6 92 46 99，www.spurwechsel.info

7 城市杂志

游客们可以在酒店、酒吧和商店里获取几种不同的免费杂志。大部分的杂志都会刊登电影、戏剧和重大活动的信息。最畅销，信息量最大的杂志是《在慕尼黑》(In Munchen)，另一大城市杂志叫《追》(go)。

8 传媒

慕尼黑的出版业仅次于纽约，是重要的传媒中心：很多的广播电台和电视台（公共的和私人的）都把总部建在这儿。最大的日报《南德报纸》和《慕尼黑水星》，像流行的《晚报》和《日报》一样，刊登地方的新闻和大事。巴伐利亚州无线广播电台有五个频道的广播；几个私人电台广播新闻和音乐。

9 网络资讯

www.muenchentourist.de · www.munichtoday.de · www. entdecke-muenchen.de · www. ganzmuenchen.de · www. munichx.de · www .muenchen.citysam.de（查询地图）

10 男女同性恋的信息

同性恋文化交流中心是同性恋的信息中心，提供咖啡、建议并安排活动。同性恋文化交流中心 Müller 大街43，地图 k5-k6，电话：(089) 2 60 30 56 · Münchner AIDS Hilfe e.V. 电话：(089) 5 44 64 70 · Le Tra Lesden-telefon，电话：(089) 54 46 47 47

布里恩大街的巴伐利亚国家银行

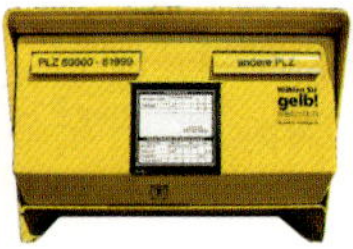
信箱

自动取款机

TOP 10 银行和交流

1 银行

大部分的德国和国际银行在慕尼黑都设有分支机构。银行大都从早上8点30分营业到下午4点，星期一到星期五开放，具体的营业时间会视每一天有所调整。各大银行具体如下：巴伐利亚国家银行Brienner大街18号；德国商业银行，Maximiliansplatz 19号；德意志银行，Promenadeplatz 15号；德雷斯顿银行，Promenadeplatz 7号。两个旅游银行（Reisebank）的分行：一个位于中央火车站，一个位于机场，营业时间稍长。

2 货币兑换

对于欧洲其他国家的游客来说，兑换货币已经成为历史。所有的非欧盟国家的游客都可以在指定的地方将货币兑换成欧元，如火车站和银行。市区内也会有一些货币兑换机可供使用。注意：兑换的费用和汇率都是变化的，宾馆的收费最高。

3 自动取款机

银行的自动柜员机遍布整个城市，即使在小城镇也会有。你可以输入密码用信用卡取款，也可以用带有国际银行系统标志（如Cirrus）的银行卡取款。自动柜员机24小时开放。

4 信用卡

所有的宾馆（除了一些小型的只提供睡觉和早餐的招待所）、大部分的百货商店、精品店以及饭店都接受通用的信用卡付账。在一些小的招待所和啤酒花园，也会要求现金付账。宾馆和饭店的入口通常都会告知可接受的信用卡种类。

5 旅行支票

尽管只在一些大的饭店和百货商店使用，旅行支票不失为比较安全的支付途径。不行的话，您就得在银行将支票兑换成现金了。

6 付费电话

德国电信经营着所有的付费电话，包括硬币、电话卡以及有些时候的信用卡付费，尽管这其中投币电话已经逐步淘汰。在一些高科技的电话亭，您可以打电话，网络冲浪和发送接受电子邮件。电话卡在邮局、Tobaconist和超市有售。德国国内直拨11 833；德国之外 11 834 · 国家区号：0043（澳大利亚），0044（英国），01（美国和加拿大），0039（意大利）· 慕尼黑市内：089或89

7 移动电话

T-Mobile、Vodafone和O2在巴伐利亚境内大部分地区提供服务。提醒注意：在一些偏远地区，信号接收还存在问题。在所有的交通工具上都可以用移动电话，尽管信号可能不一定好。在出发前，请联系您的移动电话供应商，弄清楚您的电话在德国是否能用。

8 邮局

大部分邮局从星期一到星期五都营业，营业时间从早上的8点到下午的6点，星期六从早上8点营业到中午。邮票可以在自动柜员机上买，也可以在一些文具店里买。黄色的邮箱上会有两个投递口，一个市内邮件，一个发往外埠。

9 互联网

所有的博物馆、很多宾馆以及饭店都会在互联网上列出。大的宾馆以及一些较小的宾馆都有互联网接入，但是一般都会收取一定的费用。

10 网吧

在慕尼黑你能发现很多的网吧，包括那些迎合男女同性恋者们的网吧（见63页）。轻松网吧位于火车站广场（Bahnhofplatz）1号，穿过中央火车站，24小时营业。easy-Internet-Cafe，Bahnhofplatz 1号，地图J4

具体网吧名单可以在以下的网站找到：
www.easyeverything.com/germany

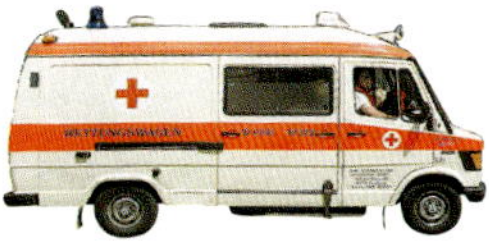

救护车

药房标志

警车

TOP10 安全和健康

1 紧急电话

火灾、救险和救护的紧急电话是112。报警紧急电话是110。此外，还有以下的紧急求助电话：紧急求助医生，电话：(0 18 05) 19 12 12 · 中毒求助：(089) 1 92 40 · 妇女紧急求助：(089) 76 37 37 · 戒毒求助：(089) 28 28 22 · 宗教求助：08 00-1 11 01 11（基督教）08 00-1 11 02 22（天主教）

2 医院

如果您是来自欧盟国家，那么医疗护理、医院和医生服务都将是在您国家健康保险涵盖的范围之内。如果您来自非欧盟国家，我们建议您在出行前购买旅行保险。

3 医生和牙医

除了一些急性紧急疾病之外，我们建议游客们在正常的门诊营业时间内和医生预约。医生和专家们的地址在黄页上可以找到。服务标准参照欧盟公民E111条保险条目执行。

4 药房

药房的标志是一个大的红“A”——代表德语词药房。大多数的药房都会营业到晚上7点或8点。晚上8点钟以后，药房会张贴告示附近继续营业的药房。您也可以拨打药房紧急电话：(089) 55 17 71

5 犯罪情况

慕尼黑的犯罪率不只是在德国，就算是欧洲都是最低的。巴伐利亚的破案速度在德国是最快的。换句话来说，在慕尼黑，您会百分之百的安全；只是要注意避免在晚间独自一人去公园和一些偏远地区。

6 扒手

拥挤的人群是扒手们的最爱，慕尼黑也不例外。在拥挤的地铁和轻轨中要格外小心。在人头涌动的地方步行，如在步行区域，特别慕尼黑十月啤酒节时也须提高警惕。

7 失物招领

如果您丢失了财物，请拨打以下号码：慕尼黑城市失物招领电话：(089) 23 34 59 05 · 慕尼黑德国铁路失物招领电话：(089) 13 08 66 64 · 慕尼黑机场失物招领电话：(089) 97 52 13 70

8 登山安全

如果您选择登山旅行的话，记得穿戴舒适的鞋和服装。如果是远足，应该先勘察好路线并了解天气情况，避免独自一人远足。冬天的时候，要留心雪崩警告。欧洲阿尔卑斯山紧急求助电话是112，移动电话的信号接收通常不错。巴伐利亚救护车和登山求助服务：19 222

9 路况及交通信息

当地的公共广播电台巴伐利亚3台广播实时的交通路况。您也可以从德国汽车协会获取路况信息。德国汽车协会紧急求助电话：(01 80) 2 22 22 22

10 单独旅行女士

只要遵循有关注意事项的话，妇女在慕尼黑单独旅行会是绝对舒适和安全的。如果您对安全比较担心的话，开一间离电梯较近的房间。另外，不要让陌生人进入您的宾馆房间。有些停车场还为女士预留了一些比较明亮的停车位。

如果您需要拖车服务，请拨打(089) 747 1000（拖车）

德国Legoland主题公园

在Tölzer Land远足

残疾人停车场

TOP 10 家庭、老年人和残疾人士

1 折扣

带小孩的家庭可以享受一定的折扣。去奥林匹克公园观光和参加运动项目的孩子和大人都能享受门票优惠。使用慕尼黑欢迎卡的游客的服务涵盖所有的市内公共交通系统，持此卡在景点还能享受50%的优惠。一日通卡和三日通卡在玛林广场、中央火车站和机场的旅游局办事处有售。www.muenchentourist.de/service

2 儿童项目

慕尼黑旅游局给您提供许多有关小孩暑期活动的信息。城堡旅游由巴伐利亚城堡管理处安排，只须1欧元。这些向导旅游包括拜仁皇族的宫殿、宁芬堡、宫殿群和其他景点。慕尼黑旅游局森德林格（Sendlinger）大街1号，电话：(089) 23 39 65 00 · 巴伐利亚城堡管理处 (089) 17908 444

3 全家就餐的饭店

很多慕尼黑饭店都有辅助座椅和给小孩提供的小区域，甚至会把小孩的菜单和成人的分开。请务必提前咨询（见69页）。

4 老年人

老年人可以享受很多优惠和许多特别的运动、徒步旅行、向导旅游、游览和其他社会活动。www.seniorenbuero.de

5 鹅卵石

慕尼黑好些地方都独创性地用鹅卵石铺设路面，这对坐轮椅的游客可能是个挑战。

6 公共交通（MVV）

像有轨电车一样，大多数的轻轨和地铁都设有轮椅通道。特殊的低车轴巴士车身上有残疾人的标志，即此车有斜坡通道方便轮椅通行。游客们在公共交通站点可以很容易找到公共厕所。详情请见慕尼黑交通税务协会的《无障碍》手册，手册在慕尼黑交通税务协会的售票亭有售。

7 为残疾人安排的向导旅游

慕尼黑旅游局组织安排会国际手势语的导游为听力有障碍的游客服务。其他单位如Weiser Stadtvogel和慕尼黑城市旅游协会也为残疾人提供旅游服务。慕尼黑旅游局，森德林格（Sendlinger）大街1号，电话：(089) 23 39 65 00 31 · 慕尼黑Weiser Stadtvogel，电话：(089) 29 16 97 65 · 慕尼黑城市旅游协会，电话：(089) 54 40 42 30

8 残疾人组织

残疾人和朋友俱乐部（CBF）提供电影、戏剧和博物馆的资讯，并欢迎残疾人加入。其他的信息、建议和轮椅租赁可以在巴伐利亚残废军人、阵亡者家属及领取社会抚恤金者联合会（VDK）获取。CBF电话：(089) 3 56 88 或 3 56 88 08 · www.cbf-muenchen.de · VDK Bayern · 电话：(089) 21 17 400

9 容易进入的宾馆

很遗憾的是，慕尼黑的宾馆建有轮椅通道的并不多。大多数的宾馆都历史悠久，因此翻新的难度很大。预订时请务必提前确认。

10 给残疾人准备的信息

《残疾人士游慕尼黑》手册列出了容易进入的宾馆、泳池和其他地点。此手册在玛林广场、中央火车站的信息亭都有售，有需要的话，旅游局还可以邮寄。

→ 听力障碍者协会是获取资讯的好去处，Lohengrin大街11号，(089) 99 26 98 0

水煮小牛肉香肠大浅盘

慕尼黑交通高峰期

慕尼黑十月啤酒节盛况

TOP 10 注意事项

1 中午12点后的水煮小牛肉香肠

过去，水煮小牛肉香肠都是当作较迟或第二顿的早餐吃的。由于非常容易腐烂，香肠被放在盛满沸水的大锅里，从大清早一直放到中午。所以就有了一条不成文的规矩：从来不在午后吃水煮小牛肉香肠。尽管现代的烹饪技术改进了，人们没有必要再遵循这一规矩。但是在许多地方，这一传统还是被继承下来。

2 烈性黑啤酒

在烈性黑啤酒的季节里，啤酒对人们的诱惑是无法抗拒的。但是，要谨记该啤酒的酒精度是6.5到7.5度。尽情享受吧，只是不要贪杯啊。

3 巴伐利亚方言

即使你懂德语的话，巴伐利亚的方言还是一个挑战。有几个关键词：小面包条在其他地方叫brötchen，在这却叫Semmeln；麦芽啤酒在这叫Weißbier；Radler既可能是骑自行车的人（Cyclist），也有可能是一种搀干姜汁麦酒或柠檬汁的啤酒。

4 骑自行车的人和轮滑者

慕尼黑是骑自行车的天堂，很多当地人夏天都会骑车。不幸的是，总是会有几个坏家伙。步行在人行道上时，您要对骑来骑去的自行车多加小心，有时候他们还在单行道上逆行，或者是急速转向。轮滑者中也有类似的情况发生。

5 酒后驾车

毋庸置疑巴伐利亚的啤酒是极具诱惑力的。但是我们要知道驾车时司机血液的酒精浓度不能超过0.5%，而且慕尼黑的警察经常会在路边设点检查。所以酒后最好别开车，去乘出租车吧。

6 交通高峰期

交通高峰期不仅在内城难以找到停车位，而且就算是环线内驾车也绝非什么趣事。乘坐公共交通工具出行吧，这样您不仅能更快捷地到达目的地，更能减少您因堵车带来的烦恼。

7 扒手

慕尼黑是个安全的城市，但是在一些旅游中心和拥挤的景点时还是应该多加小心。和其他地方一样，这儿的扒手可能也是成帮结派。在轻轨和地铁拥挤的站台，在火车车厢，在大的露天场合，如慕尼黑十月啤酒节等，以及在步行区域，您都应该提高警惕。

8 停车细则

最好是遵守所有的停车规则。停车管理员会在街上到处巡逻，特别是在内城。当发现有违规停放或者不交停车费的情况时，他们就会开票。当您归还租车的时候，租车机构会给您出示票据。对不付费的罚款在整个欧盟都是生效的。有些地方停车位仅限于有停车许可的居民。如果您的车被贴票或是被拖了，给警察打电话吧，收集您所能收集的信息，以及准备耸人听闻的高额罚款吧。

9 慕尼黑十月啤酒节期间的出租车

一年有两次是很难打到出租车的——新年前夕和通常在九月最后两周举办的慕尼黑十月啤酒节。啤酒节期间，在特蕾西亚草坪广场附近，司机们可能会拒载那些看上去醉醺醺的乘客。

10 慕尼黑十月啤酒节期间的宾馆

慕尼黑的宾馆，特别是豪华宾馆，在慕尼黑十月啤酒期间，都已预订满。如果您计划在此期间逗留的话，记得一定要提前预订。如果您下午5点后到达，请务必通知宾馆，这样宾馆就可以给您预留房间了。

如果您的车被拖走，请拨打(089) 42 93 01

国家博物馆

位于最西区的烤肉亭

跳蚤市场

TOP 10 慕尼黑经济游

1 免费参观博物馆

星期天所有的国家博物馆和城市博物馆都免费开放，包括巴伐利亚国家博物馆、冷巴赫艺术馆和慕尼黑城市博物馆（见36页）。免费参观只适用于永久收藏品。

2 便宜的小吃

慕尼黑很多民族饭馆的饭菜好吃又经济，是快餐、叫外卖和吃饭的好去处。吃比萨和烤肉也很方便，土耳其和亚洲的小亭子提供快餐，有的还有小台子和饭桌。极力推荐位于维可托利安集市的苏普餐厅（Soup restaurant）。

3 便宜的饭店

提供巴伐利亚菜系的传统饭馆一般都比较昂贵。很多饭店在中午有客饭，比晚餐要便宜得多。很多高级饭店都采取类似的做法，只要您不是来大快朵颐的，四道菜的午餐也足以让您尽享美味了。

4 住宿

慕尼黑的宾馆可能非常昂贵。可以考虑一下在周边地区住宿，这样费用会低一点。一个方法就是通过一些机构去租一个公寓，短到几天，长到几个月的公寓都有（见149页）。另一个在夏天比较可行的办法就是去露营。慕尼黑-Thalkirchen露营广场 · Zentralländ.大街49号 · 电话：(089) 7 23 17 07 · www.campingmuenchen.de

5 门票优惠

晚上就在演出开始之前，剧院、音乐会和其他地方的售票处会有一些打折的门票出售给学生和老年人。

6 公共交通

到慕尼黑参观的游客可以享受到很多城市公共交通的优惠价格，特别是在城市的中心区域。用一日通卡，您可以在一天之内到任何地方畅通无阻。三日通卡最好是在周末用，而合伙卡可以供多达5个人使用，也是全家旅游的好选择。慕尼黑欢迎卡是慕尼黑交通税务协会发放的一种特殊卡，包含有车票和门票，在信息亭有售（见138页）。6岁以下儿童旅行免费，6岁以上的儿童门票逐减。www.muenchen-tourist.de/service

7 跳蚤市场

去跳蚤市场和一年三次的奥尔交易会（见52页）逛街会度过有趣一天，而且比较便宜。价格通常较低，而且有时还能发现真正的宝物。

8 免费的音乐会

在奥林匹克公园剧场的音乐马拉松（音乐节）每年夏天都免费开放。坐落在Arcissstr.12号的音乐学院的学生会免费为您献上精彩的音乐。活动及时间：电话：(089) 289 27 442

9 便宜的观光

在史达胡斯广场登上往东的18路和19路有轨电车。这些车行经慕尼黑最美的地区。

10 “开门”和“长夜”活动（Open Houses & Long Nights）

差不多所有的景点机构每年都会有一次Open Houses。活动时间请咨询旅游局，这类活动大都免费。其中要数Long Nights最负盛名。博物馆、剧院和音乐厅都会延长晚间营业时间，而且费用不变。活动期间，巴士会在多个地点之间来回穿梭。

更多关于免费室外活动和节日的资讯，请登录：www.umsonst-und-draussen.org

传统的皮裤子

宁芬堡瓷器

玻璃绘画

TOP 10 购物明细

1 宁芬堡瓷器

无论是一个小瓷器雕像还是一套瓷质的餐具，所有这些宁芬堡（见12页）的瓷器都是基于历史模型而建造。这些作品的艺术价值都很高，因此价格也就相当昂贵。宁芬堡瓷器制造剧场广场（Odeonsplatz）1号 · 地图L3

2 Elly Seidl的巧克力

如果您有一口爱吃甜的牙齿，那么Elly Seidl店的手工巧克力和其他一些极品甜品就是为您而准备的。鉴赏家们认为Elly店里调出来的甜品已经超过了瑞士和比利时的同行。记得尝尝香槟味的圆形巧克力软糖。Maffeistr. 1 & Amkosttor 2 · 地图L4&M4

3 民间服饰

古典的和现代的民间服饰都是纪念品的好选择。其他配件如腰带、帽子和带有花边的围巾也可以买到。服饰都是由上等好料精心制作而成，材料有毛、亚麻、羊毛和罗登呢等，价格也相对较贵。比较耐穿的要数皮裤子。传统的巴伐利亚皮制灯笼裤，不仅穿不烂，而且年月越久，越发好看。Loden Frey Maffeistr.7-9号 · 地图L4 · Angermaier, Rosental 10号 · 地图L4

4 慕尼黑博物馆商店里面的复制品

跟纽约、罗马和柏林一样，慕尼黑的博物馆商店里也出售精美的工艺复制品、限量版作品、海报以及来自本馆收藏和其他博物馆收藏的设计师作品。

5 啤酒杯

在大多数古玩店、林立在步行区和圣母大教堂后面的百货商店里，简约的玻璃杯以及更多装饰有锌盖和绘画图案的精致杯子皆会有售。如果您碰巧在一个传统的巴伐利亚酒馆喝酒的话，而您又的确喜欢某个啤酒杯或玻璃杯的话，您可以问一下能否买下那只杯子。

6 特别的玩具

德国博物馆的商店出售有做工精致，匠心独具的玩具，从积木到机器人，应有尽有，孩子和大人们都狂热地喜欢他们。在玛林广场，另外一家博物馆商店也已开业（见8～9页）。

7 身穿民族服装的洋娃娃

古老的洋娃娃是非常流行的收藏品。配上做工考究瓷制的头发——常常用真头发制作，披着精致的织物，洋娃娃的确值得一看。洋娃娃之家，布鲁滕堡街（Blutenburgstr.）63号 · 地图D3

8 Dukatz 餐具

对于这些热爱德国文学的人来说，Dukatz 茶杯和茶碟都会是极佳的纪念品，因为它们上面刻有巴伐利亚作家Oskar Maria Grat诙谐绝妙的名言。他们在Dukatz 咖啡馆有卖。Dukatz，Salvatorplatz · 地图L3

9 玻璃绘画和宗教艺术

很多带有宗教色彩的玻璃绘画都是源于Murnau教。传统的马厩图像是在木雕中心Oberammergau镇创作的。古董店和特色店里的宗教和民族艺术品品种繁多。

10 足球大事记

慕尼黑两家对手俱乐部的商店差不多是面对面，紧挨着皇家啤酒馆。它们经营着铁杆球迷心向往之的一切用品。附近的其他店则卖一些传统的慕尼黑纪念品，如明信片、海报、啤酒杯和小装饰品。拜仁慕尼黑俱乐部商店（FCBayern-Shop），Orlandostr.1号（位于Platzl）· 慕尼黑1860足球俱乐部球迷商店（Fan-shop TSV München1860），Orlandostr.8号（位于Platzl）· 地图M4

有时候在奥尔交易会（在奥尔区举行的流行的交易会）和跳蚤市场您可能会发现真正的宝物，见52～53页

达乐麦耶咖啡店　　嘉士达商场货品　　Hieber am Dom音乐商店

TOP 10 购物提示

1 开放时间

市内大多数商场星期一至星期六上午9点到晚上8点营业。政府机关，银行和邮局停止办公稍早，大约下午4点，5点或者6点。圣诞节或者除夕大多数商场中午即关门。慕尼黑市外围的小镇营业时间较短，工作日期间一般下午5点关门，星期六则在中午，星期三下午。近来由于合法的停止零售营业时间的话题一直备受关注，具体营业时间可能有所延长。

2 售卖/折扣

夏秋末降价大售卖如今已为常年都有的特卖所破坏。购物时请留意打折和特卖标志。大多数商店标签上的价格不能讨价还价，而在批发商店，一些专卖流行服装的小商店和跳蚤市场，您就可以一显身手，大砍其价了。

3 信用卡付账

大多数城市中心地区的商场接受主要的信用卡付款方式。城市外围和一些较小的商家，不接受信用卡付款，EC卡，即欧洲信用卡除外。这种卡各处通用。

4 消费者的保护

慕尼黑地区和市政事务办公室负责食物和消费品的管理。如您有诸如需要退换的麻烦，可与他们或者巴伐利亚消费者保护机构慕尼黑分部取得联络。通讯方式：Landratsamt Mnchen, Mariahilfplatz 17，地图 F6-G6，电话：(089)62 21-23 28 bzw. 62 21-2817 · 慕尼黑销售中心（Verbrauche-rzentrale München£©, Mo-zartstr. 9f，地图 E5，电话：(089) 53 98 70

5 销售税

在德国，销售税为16%，含在标明的市场价中。来自非欧盟国家的旅游者可以根据全球退税机构的相关文件申请在通过机场或者从国内邮寄物品时得到退税。当您离开德国时，海关必须检阅所购物品并在购物收据上盖章。

6 退换

全价商品享受有限担保，在商品损坏和顾客不满意的情况下可以退换。有些情况下，您可以得到全额退款，但是打折商品通常不享受退换待遇。

7 时装

时装店首先位于主要的购物区。特别是那些步行街区、森德林格路、马克西米利安路、铁阿提纳路、利奥波德路施瓦宾格区，以及大学附近。

8 音乐

除了诸如WOM大型连锁店，土星、媒体市场、超市的CD专区以及在那些独立商店如Hieber am Dom（Liebfrauenstr.1）里，你都会有所收获，比如购买得到活页乐谱集。Ludwig Beck am Rathauseck（见83页）出售精妙的爵士乐，世界音乐，布鲁斯，和经典音乐制品，既包括古代作品同时也包括现代作品。

9 书籍

独立书店胡根杜贝尔是慕尼黑最大的书商。其旗舰店位于玛利亚广场。很多规模较小的独立书店，尤其那些销售外语书籍的书店，一般位于大学区。如果你热衷于收集文物古籍，则一定要前往基辛格。（见91页）

10 厂属特卖商店

厂属特卖商店在慕尼黑当今已成为时尚。多位于城市外围的商业区内。您最好的选择是通过网络予以查询。网址：www.factory-outlet-shop.de · www.wekacityline.de/mshow

古董的详细信息，见52页

Ratskeller餐厅

皇宫酒店

TOP 10 宾馆和饭店提示

1 房间预订

您可以通过电话，传真或者电子邮件预订宾馆房间。慕尼黑旅游局星期一到星期五早上8点至晚上7点、星期六上午10点至下午6点也提供免费定房服务。地址：Fremdenverkehrsamt München · 电话：(089) 23 396 500

2 宾馆种类

星级数代表了宾馆的综合质量和价位。慕尼黑大多数房费包含早餐费。价格依季节而变，慕尼黑十月啤酒节时最贵也最舒服。很多宾馆提供周末特价套装项目或者淡季降价服务项目。通过网络查询特价事宜。

3 宾馆选择

慕尼黑的宾馆价位稍高于巴伐利亚其他地区的宾馆。本导游手册各部分提及价位仅指平均价位。当然，在慕尼黑，您也有便宜一点的选择，如小旅店，床铺—早餐点，青年旅店，短期出租套间。(见148页)

4 饭店预订

任何时候，特别是周末，您结伴前往美食店或者那些热门饭店用餐，您都最好预订座位。但如果您只是一两个人前往，随便一家酒店找到座位是很容易的，走进去在空桌边或在大一点餐桌的空座上坐下来就好了（当然首先要询问座位是否被预留）。记得这些酒店中总有一定数量的桌位已为老主顾预留，且上面悬有标识：Stammtisch（已为熟客预留）。

5 小费情况

服务税（12%）和食物税（约7%）包含在饭店的账单中，而通常在计算账单时四舍五入，小费达10%。

6 用餐时间

大多数饭店午餐营业，少数早上6点即开张。专营午餐的饭店有时下午歇业几个小时。夜间营业的饭店则开放至午夜或者更晚。市内啤酒公园晚11点打烊。多数酒店把菜单张贴在门上或者人行道边的公告栏上—其中包括每日特价。

7 巴伐利亚厨艺

希望领略纯正的巴伐利亚厨艺，您可前往传统的酒店和有自酿酒的饭店(见50页)。在那里可以品尝撒甜芥末的水煮小牛肉香肠（Weißwurst）和椒盐脆饼干，烤猪肘（Schweinshaxn）或者烤肉（Schweinsbraten），佐以土豆泥团子和红色甘蓝菜。

即使在规模很小的乡村饭店，整条烹制的鲜鱼十分精美，比如鲑鱼（Forelle）和产自山地湖泊里的白鲑鱼（Renke）等。另有冷盘（Brotzeit），乳酪和胡萝卜加面包。这些食品在啤酒园里相当热卖。

8 其他美食

和大多数城市一样，慕尼黑富有各民族特色的餐馆——从中东特色到波利尼西亚特色，而当地人更加偏爱意大利餐。

9 美食用餐

慕尼黑上乘的饭店和昂贵而时尚的餐饮设施久富盛名，有些城市美食商家在欧洲也大名鼎鼎。(见64页)

10 着装规范

顾客服饰应与饭店的品味达致同样的典雅。男士可能是一件夹克或者运动夹克，并有穿鞋要求，（禁止跑鞋，拖鞋）。啤酒公园里，服装规范不同，一般更加随意和放松。

关于方便残疾人进入的宾馆信息，见138页

国王宫殿酒店的客房和大厅

玛丽婷酒店

TOP 10 十佳豪华酒店

1 文华东方酒店(Mandarin Oriental)

一流的服务和人文历史氛围，紧邻马克西姆利安大道，五星级豪华酒店。酒店拥有宽敞客房53间，套房20间，以及会议和宴会设施。位于酒店天台的温水游泳池可以从各个角度欣赏市内风光。驻地饭店包括Mark's 和Mark's Corner。Neuturmstr. 1号 · 地图 M4 · 电话：(089) 29 09 80 · www.mandarinoriental.com · €€€€€

2 艾美酒店(Le Méridien)

全新豪华酒店，紧邻中心地铁站，内有客房和套房381间。现代舒适，食宿条件豪华，服务精良。配套设施包括饭店、酒吧和休闲健身中心。地址：Bayerstr. 41号 · 地图 J4 · 电话：(089) 242 20 · €€ €€€

3 多利思特索菲特酒店（Dorint Sofitel Bayerpost)

这是一家在昔日闻名的邮政大厦的基础上全新打造的五星级酒店。优雅的宴会和会议设施，可容纳750人同时入住。大型温泉洗浴设施。Bayerstr.12号 · 地图 J4 · 电话：(089) 59 94 80 · www.dorint.com · €€€€€

4 凯宾斯基四季酒店(Kempinski Hotel Vier Jahreszeiten)

这位马克西姆利安大街上的“贵妇人”近期重新装修，意味每一间个性化装饰的房间洋溢着无尽的舒适与豪华，酒店依然保持着1858年的典雅。附有一流的饭店和酒吧、休闲和商务设施。马克西米连大街（Maximilianstr.）17号 · 地图 M4 · 电话：(089) 212 50 · www.kempinskivierjahreszeiten.de · €€€€€

5 国王宫殿酒店(KUonigshof)

酒店格调优雅，坐落于中心地带，鸟瞰川流不息的史达胡斯广场。豪华装修，不失细节，内设客房74间，套房13间。所属饭店在城中实属一流。卡尔广场(Karlsplatz) 25号 · 地图 J4 · 电话：(089) 55 13 60 · www. geisel-privathotels.de · 有限轮椅通道 · €€€€€

6 玛丽婷酒店(Maritim Hotel)

一流酒店，位于中央火车站的附近。339间豪华客房，11间优雅套房。9间会议室可接待多达550人。Goethestr.7号 · 地图 E5 · 电话：(089) 55 23 50 · www.maritim.de · €€€€€

7 拜仁皇宫酒店(Bayerischer Hof)

世界知名酒店组织品牌，现已传至第四代。这家家族式豪华酒店共395客房和套房，且风格各异。内设三家饭店（一个花园饭店，另有Palais Kell, Trader Vic's)和Falk's酒吧，夜总会，钢琴吧，酒店天台泳池，商务中心。Promenadeplatz 2～6号 · 地图K4-L4 · 电话：(089) 2 12 00 · www.bayerischerhof. de · 有限轮椅通道 · €€€€€

8 Excelsior酒店

毗邻中心火车站和步行街区的酒店中心，带给您典型的归隐田园的美好回忆。Geisel's Vinotheque是酒类爱好者们一定要光顾的好去处。Schützennstr.11号 · 地图 J4 · 电话：(089) 55 13 70 · www. geisel-privathote-ls.de · €€€€€

9 希尔顿慕尼黑公园酒店（Hilton Munich Park)

独占城市中心地带，左临英国公园，环境优雅，客房和套房461间，住宿条件上乘。Tivoli餐厅提供主题餐饮服务。店内设有可容纳1600人的会议室。Am Tucherpark 7号 · 地图 G3 · 电话：(089) 384 50 · www.hilton.de · €€€€€

10 宫殿酒店(Palace)

酒店规模虽小，质量一流，田比临王子剧场，内设客房和74间套房，装饰具有法国特色，这里的设施包括花园，饭店，酒吧，健身区和休闲天台。Trogerstr.21号 · 地图 H5 · 电话：(089) 41 97 10 · www. daspalace. de · €€€€€

注意：以上银行均接受主要的银行信用卡，除非另有说明，饭店不配有残疾人通道

希尔顿慕尼黑城市酒店的外景和内景

价格分类

以标准双人间一晚的住宿费用为基准，并含税、早餐（如有供应）及服务费

€	60欧元以下
€€	60～100欧元
€€€	100～150欧元
€€€€	150～200欧元
€€€€€	200欧元以上

TOP 10 十佳商务酒店

1 希尔顿慕尼黑城市酒店（Hilton Munich City）

一流酒店，481套豪华客房，其中套房20间，总统套房1间。紧接加斯泰格文化中心。所有房间因特网接入，传真设备一应俱全。会议室可同时容纳500人。Rosenheimer Str. 15号 · 地图N6 · 电话：(089) 480 40 · www.hilton.de · €€€€-€€€€€

2 慕尼黑城市中心假日酒店（Holiday Inn Munich-City Centre）

横跨加斯泰格文化中心，酒店拥有客房580间，其中套房12间。酒店可以俯瞰城市旖旎的风光。承办大型活动的设施可接纳2000人，共有会议室16个。Hochstr. 3号 · 地图 N6 · 电话：(089) 480 30 · €€€€-€€€€€

3 阿拉贝拉·喜来登酒店（Arabella Sheraton Grand Hotel）

643间豪华客房和31套房分散在22个楼层，有着极佳的阿尔卑斯山景观视角。著名餐厅"Ente vom Lehen"保证您能享受最高质量的菜肴。有温泉疗养中心，室内游泳池和健身中心。三层特备会议设施楼层，承办各种活动和会议。Arabellastr.6号 · (089) 926 40 · www.arabellasheraton.com · €€€-€€€€€

4 慕尼黑北方假日酒店（Holiday Inn München City-Nord）

传统上市连锁酒店，365套舒适客房和可容纳多达600人的会议室。Leopoldstr. 194号 · 地图 G2 · 电话：(089) 38 17 90 · www.munich-citynorthholidayinn.de · €€€-€€€€€

5 万豪酒店（Marriott Hotel München）

完善的商务会馆，客房348间，会议室13个。完美满足各类顾客要求。无线通讯接入各个会议区。Berliner Str.93号 · 地图G1 · 电话：(089) 36 00 20 · www.marriott.com · 有限轮椅通道 · €€€-€€€€€

6 伊甸园酒店（Eden-Hotel-Wolff）

毗邻中心地铁站，四星级现代化酒店，拥有10个可容纳250人的会议室和240个多功能客房。慕尼黑Arnulfstrasse 4号 · 地图E4 · 电话：(089) 55 11 50 · www.ehw.de · €€€€-€€€€€

7 慕尼黑城际酒店（InterCityHotel München）

位于文化遗产保护级的铁路大厦内的四星级酒店，内设198间防噪音舒适客房。无线通讯接入各个会议区。Bayerstr.10号 · 地图 J4 · 电话：(089) 44 44 40 · www. intercityhotel.de · 有限轮椅通道 · €€€-€€€€€

8 新梅瑟酒店（NH München Neue Messe）

253间装潢舒适的客房，9间会议室，可容纳300人。轮椅无限制进入，衣物洗熨服务，泊车入位，健身中心，加之房间服务礼仪，保险箱提供和无线通讯接入技术支撑。Eggenfeldener大街100号 · 电话：(089) 99 34 50 · www.nh-hotels.com · €€€-€€€€€

9 肯宾斯克机场酒店（Kempinske Hotel Airport München）

本酒店的亮点是身处20米（60英尺）高的棕榈树的环抱之下，并可欣赏机场跑道的景观。389间客房，精良的设施为游客提供最满意的服务。Terminalstr. /Mitte 20号 · 电话：(089) 978 20 · www. kempinski-airport.de · 有限轮椅通道 · €€€€-€€€€€

10 机场摩文匹克酒店（Mövenpick Hotel München Airport）

超现代、四星级商务会馆，距慕尼黑机场大楼仅需几分钟车程。设有165间防噪音客房，17间会议室。Hallbergmoos，Ludwigstr. 43号 · 电话：(0811) 88 80 · www.moevenpick-munich. com · 有限轮椅通道 · €€€-€€€€€

关于方便残疾人进入的宾馆信息，见138页

阿斯托宾馆　　国王卫士酒店

TOP 10 十佳中档宾馆

1 Euro-päischer Hof宾馆

这家拥有148间客房的宾馆是中档宾馆中较有档次的，正对着中央火车站，提供无烟客房、自助早餐和地下停车场。小孩入住有礼包相赠，容许宠物入内，宾馆内有意大利饭店。Bayerstr. 31号 · 地图J4 · 电话：(089) 55 15 10 · www.heh. de · 轮椅通道 · €€€-€€€€

2 慕尼黑高山宾馆（Alpen-Hotel-Müchen）

这家三星级的宾馆给附近步行街上熙熙攘攘的游客提供了一个休息的绿洲。所有客房装有互联网接口，符合三星级旅馆最高标准。旅馆内的Stefaus Gasthaus提供巴伐利亚及世界各国风味烹调。Adolf-Kolping-Str. 14号 · 地图J4 · 电话：(089) 55 93 30 · www.alpenhotel-muchen. de · 有限轮椅通道 · €€-€€€€

3 阿斯托宾馆（Astor）

本旅馆靠近中心火车站，有46间客房，拥有在四星级饭店才配备的配套设施，每间客房都有互联网调制解调器接口。饭店内意大利Bistro Nozzi的休息室很舒适，有开放式壁炉和葡萄酒窖。Schillerstr. 24号 · 地图J5 · 电话：(089) 54 83 70 · www. hotel-astor.de · 有限轮椅通道 · €€-€€€€

4 Einhorn宾馆

Einhorn旅馆是一座漂亮的体现新艺术的建筑。所有的110间客房都配有三星级饭店所需的设施。步行五分钟即可到达公交站点和轻轨站。Paul-Heyse-Str. 10号 · 地图E5 · 电话：(089) 53 98 20 · www.hotel-einhorn.de · 有限轮椅通道 · €€€-€€€€

5 Senefelder宾馆

Senefelder宾馆靠近中央火车站，非常舒适。70间客房采用现代风格装饰，早餐到11点，有停车位。Senefelderstr. 4号（离Bayerstr.很近）· 地图J4 ·(089) 55 15 40 · www. hotel-senefelder.de · €€-€€€

6 Leopold宾馆

Leopold是传统型酒店，位于施瓦宾格区（Schwabing）的中心，拥有传统的建筑风格和一个田园风情的花园，这反映了家庭经营管理的特色。所有75间客房配有三星级饭店所需设施，可应客人要求提供无烟客房和易过敏客人所需的床。Leopoldstr. 119号 · 地图G2 · 电话：(089) 36 70 61 · www. hotel-leopold.de · 有限轮椅通道 · €€€-€€€€

7 国王卫士酒店（Hotel Königswache）

这是一个小型饭店，靠近三座现代艺术陈列馆，与地铁很近，为客人去市中心提供了快捷、简便的途径，所有客房均为三星级标准，配有互联网接口。Steinheilstr. 7号 · 地图J2 · 电话：(089) 542 75 70 · www.koenigswache. de · 有限轮椅通道 · €€€

8 大都会宾馆（Cosmopolitan）

大都会宾馆与Leopoldstraße仅几步之遥，整洁现代的客房内设计有Lignet Roset的签名，早餐自助到11点。Hohenzollernstr. 5号 · 地图F2 · 电话：(089) 38 38 10 · www.geisel-hotels. de · 有限轮椅通道 · €€€

9 荷索宾馆（Herzog）

紧靠轻轨Geotheplatz站，中心的地理位置使荷索宾馆以其高性价比成为人们的首选。80间客房装饰得独具品位，既现代又舒适。从大部分客房的阳台可以鸟瞰风景如画的庭院花园。Häberlstr. 9号 · 地图E6 · 电话：(089) 59 99 39 01 · www.hotel-herzog. de · €€-€€€

10 Ibis München Messe 宾馆

该饭店位于Neue Messe，经营管理高效且拥有100间简约而现代的客房，均接有互联网接口，有停车场，可带宠物入住，酒店内有餐馆和酒吧。Feldkirchen，Otto-Lilienthal-Ring 2号 · 电话：(089) 93 92 90 · www.ibis-hotel.de · 轮椅通道 · €€-€€€

以上银行均接受主要的银行信用卡，除非另有说明，饭店不配有残疾人通道

价格分类

以标准双人间一晚的住宿费用为基准，并含税、早餐（如有供应）及服务费

€	60欧元以下
€€	60～100欧元
€€€	100～150欧元
€€€€	150～200欧元
€€€€€	200欧元以上

剧场宾馆的庭院

Cortiina酒店的酒吧

TOP 10 十佳特色酒店

1 Advokat宾馆

简约、优雅、平淡宜人的风格基调是Advokat的特色，从漂亮的楼顶平台可以看到漂亮的老城。位于市中心的位置使Advokat成为观光购物的理想出发点。Baaderstr. 1号 · 地图M5 · 电话：(089) 21 63 10 · www.hotel-advokat.de · 有限轮椅通道 · €€€€

2 安娜宾馆（Anna）

安娜宾馆是位于理想地理位置的一块宝石，属于精品酒店，处处彰显着其特有的风格，由Geisel家族管理，Geisel家族在慕尼黑是传统的饭店管理者（和Königshof宾馆）。另一个特点是其店内不错的餐吧。Schützenstr. 1号 · 地图J4 · 电话：(089) 59 99 40 · www.geisel-hotels.de · 有限轮椅通道 · €€€€-€€€€€

3 剧场宾馆（Opéra）

位于Lehel区的豪华漂亮迷人的宾馆。每个迷人的房间都装饰得非常独特和富丽堂皇。客人聚集在富丽堂皇的新罗马式庭院中品尝开胃酒及其他美味。人们在宾馆隔壁的Gandl可以吃到精美的菜肴。St-Anna-Str. 10号 · 地图N4 · 电话：(089) 210 49 40 · www.hotel-opera.de · 有限轮椅通道 · €€€€-€€€€€

4 英国公园饭店（Hotel Gästehaus Englischer Garten）

该饭店位于英国公园内，自身建筑已成为一种文化遗产。该饭店是一家富有自身特色的迷人酒店，拥有25间彰显品位的客房。早餐可以在楼天的平台上享用，在绿色植物的萦绕中，倍感温馨。Liebergesellstr.8号 (Ecke Kefestr.) · 地图G2 · 电话：(089)3 83 94 10 · www.hotelenglishergarten.de · 有限轮椅通道 · €€€

5 Prinzregent am Friedensengel饭店

该饭店以其巴伐利亚的环境气氛而引人注目。提供个性化古董家具的高雅房间。Ismaninger Str. 42-44号 · 地图P4 · (089) 41 60 50 · www.prinzregent.de · 有限轮椅通道 · €€€€-€€€€€

6 里兹宾馆（Ritzi）

里兹宾馆靠近马克西米连博物馆，客房及套间的装饰体现很强的主题风格（如非洲主题、巴里主题）或者色泽概念。20世纪20年代的立体主义装饰在这得以复活。酒店内的餐馆更提升了它的魅力。Maria-Theresia-Str. 2a号 · 地图P4 · 电话：(089) 4 19 50 30 · www.hotel-ritzi.de · 有限轮椅通道 · €€€€-€€€€€

7 Prinz宾馆

该宾馆靠近加斯泰格文化中心，位于伊萨河的上游。这里是一家小型酒店，装饰风格优雅。大部分的房间都可以看到美丽的城市风景。酒店经常展示当地艺术家的作品。Hochstr. 45号 · 地图N6 · 电话：(089) 441 40 80 · www.hotel-prinz.de · 有限轮椅通道 · €€€-€€€€

8 Romantikhotel Insel Mühle酒店

该酒店的前身是一个14世纪的磨坊，拥有用轻木装饰的温馨舒适的客房。在漂亮的酒店平台上享用晚餐，可以聆听身旁的潺潺流水。Müchen-Untermenzing, Von-Kahr-Str. 87号 · 电话：(089) 8 10 10 · www.weber-gastronomie.de · 有限轮椅通道 · €€€-€€€€

9 Splendid-Dollmann酒店

该酒店的前身是19世纪农庄主的住宅，室内以绘画与古董为特色，很多文化场所和马克西米连大街均可步行到达。Thierschstr. 49号 · 地图N4 · 电话：(089) 23 80 80 · www.splendid-muc.de · €€€€-€€€€€

10 Cortiina酒店

这是一家2001年开业，富有个性特色的精品酒店。33个客房的内部都用自然木、石块、亚麻和皮革装饰，同时又迎合了当代房间装饰工艺。店内酒吧是一个时髦的晚间聚会场所。Ledererstr. 8号 · 地图L4 · 电话：(089) 2 42 24 90 · www.cortiina.de · 有限轮椅通道 · €€€-€€€€

关于方便残疾人进入的宾馆信息，见138页

人人宾馆

布劳尔·波克宾馆

TOP 10 十佳平价宾馆

1 斯特凡尼（Stefanie）宾馆

这是在马克西米连前区（Maxvorstadt）有着悠久历史的家族式宾馆。33间客房虽不豪华却很舒适，配有电话和电视。可以停车，而且容许带宠物。Türkenstr. 35号 · 地图L2 · 电话：(089) 288 14 00 · www. hotel-stefanie.de · €€€

2 艾德尔（Eder）宾馆

这家迷人的、家族经营的廉价宾馆坐落在离中央火车站不远的一条安静的街上。30间客房都有电话和电视，装饰着磨光木镶板，有一种浓郁的乡村气息。Zweigstr. 8号 · 地图J4 · 电话：(089) 55 46 60 · http://hotel-eder.de · €€-€€€

3 布劳尔·波克（Blauer Bock）宾馆

这家家族经营的宾馆离城市博物馆很近，把个性化的服务作为其首要服务宗旨。75个客房都装有电话和电视，设有无烟房，可以停车，而且欢迎宠物。Sebastiansplatz 9号 (StJakobs-Platz) · 地图K4-L4 · (089) 23 17 80 · €€-€€€

4 费洛拉（Flora）小旅店

这家宾馆是一座受遗产保护，仿19世纪风格建造，位于市中心的房子。35间客房都配有实用又个性化的家具，有些还保留了古老的石膏原貌。宾馆里没有电话，容许带宠物。Karlstr. 49号 · 地图K2 · 电话：(089) 59 7067 · www.hotel- flora.de · €€

5 人人（Jedermann）宾馆

Jenke家族拥有并经营着这间坐落在市中心的宾馆已有40年之久。他们无微不至的服务在宾客们有口皆碑，使之成为德国最受欢迎的宾馆之一。55间客房中的大多数都能俯瞰明亮的庭院，朝街的客房则安上隔音的窗户。许多房间都有互联网接入。Bayerstr. 95号 · 地图E4-E5 · 电话：(089) 54 32 40 · www.hotel-jedermann.de · €€-€€€

6 艾森海奇（Eisenreich）宾馆

这是一家离新博览会（Neue Messe）不远的廉价旅馆。从附近的地铁站坐地铁去市区很方便。客房里装有有线电视和电话，而且提供免费的互联网接入。Baumkirchner Str. 17号 · (089) 43 40 21 · www.hoteleisenreich.de · €€-€€€

7 奥林匹亚（Olympia）宾馆

这是一家位于慕尼黑南部的三星级宾馆，去Forstenrieder公园的休闲中心很方便。所有34间现代化的客房里都安装了电话和电视，可以停车，而且欢迎宠物。Maxhofstr. 23号 · 电话：(089) 75 40 63 · www.hotel-olympia-muc.de · €€

8 Aurora

这是一家离轻轨8号线和99号线很近，交通便利的三星级宾馆。您可以在15分钟内到达市区。所有20间客房都装有有线电视、广播和直拨电话，让人宾至如归。如有需要，还可以提供个人电脑的服务。Limesstr. 68号 · 电话：(089) 89 73 69 30 · www.hotel-garni-aurora.de · €€

9 Lämmle

这家坐落在西部公园（Westpark）的宾馆是选择廉价旅馆游客的好去处。24间客房风格简约且现代感十足，所有房间都安装了有线电视，可以停车，容许带宠物入内。Friedenheimerstr. 137号 · 地图B5 · 电话：(089) 57 15 29 · www.hotellaemmle-muenchen.de · €€

10 Helvetia

这是一家离中央火车站很近的不豪华的三星级宾馆，44间隔音的客房用松木装饰得很简约。每间屋子都安装了电话和电视。早餐是精美的自助餐。不是每个房间都有私人洗手间，预订前得问清楚。Schillestr. 6号 · 地图J4 · 电话：(089) 590 68 50 · www.hotel-helvetia.de · €-€€

注意：以上宾馆均接受主要的银行信用卡，除非另有说明，饭店不配有残疾人通道

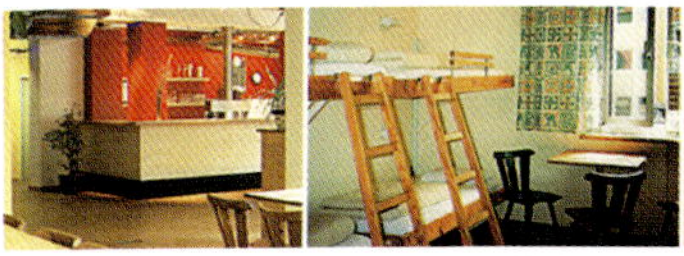

4 you Müchen 旅馆的酒吧和双层床房间

价格分类

以标准双人间一晚的住宿费用为基准，并含税、早餐（如有供应）及服务费

€	60欧元以下
€€	60～100欧元
€€€	100～150欧元
€€€€	150～200欧元
€€€€€	200欧元以上

TOP 10 十佳家庭式旅馆和公寓

1 凯撒广场旅店（Pension am Kaiserplatz）

这是一家只有10间客房的温馨的小旅店，静静地坐落在Schwabing区的中心地带。大部分的房间都有淋浴但是没有厕所。注意要提前预订，因为房间经常几个月前就被预订一空。Kaiserplatz 12号 · 地图 F2 · 电话 (089) 34 91 90 · €

2 蒙娜莉莎（Mona Lisa）宾馆

这是一家离Lehel区英国花园很近的小宾馆。7间客房，每一间都有电话、电视，迷你酒吧和独特的家具。Mona Lisa宾馆致力于提供个性化的服务。Robert-Koch-Str. 4号 · 地图 N4 · 电话：(089) 21 02 83 80 · www.hotelmonalisa.de · €€

3 洛海勒（Greiner）旅店

坐落在Leopold大街和英国公园之间的这家小旅店有9间舒适的客房，大多数的客房都有淋浴和厕所，还提供一顿精美的自助早餐。Ohmstr. 12号 · 地图 M1 · 电话：(089) 380 18 80 · www.pensiongreiner.de · €€

4 新蒙森青平堡（Jugendherberge Müchen-Neuhausen）

这家青年旅馆离红十字广场（Rot-Kreuz-Platz）很近，离市中心只有10分钟地铁路程。每层楼都有公用的洗手间和淋浴，还有自助早餐。三餐全包或只吃正餐也可以。要求有青年旅馆的护照。Wendl-Dietrich-Str. 20号 · 地图 C3 · 电话：(089) 13 11 56 · www.djh.de · €

5 Easy Palace 国际青年旅馆

这家旅馆距离中央火车站很近，Easy Palace旅馆提供62间带有厕所和淋浴的客房，还有酒吧、饭店、24小时礼宾服务、互联网终端、自行车租赁和免费的储物柜，不要求年龄限制和青年旅舍的护照。Mozartstr. 4号 · 地图E5 · 电话：(089) 558 79 70 · www. easypalace.de · 有限轮椅通道 · €

6 4you München

这是一家距离中央火车站很近的绿色生态旅馆，有60间客房（带和不带浴室/厕所），提供自助早餐；三餐全包或只吃正餐也可以，没有年龄限制，还可以替您照顾小孩。Hirtenstr. 18号 (Querstraße der Arnulfstr.) · 地图 E4 · 电话：(089) 55 21 66 0 · www. the4you.de · 轮椅通道 · €-€€

7 西十字Forum楼内的宾馆（Gästehaus im Forum am Westkreuz）

这是坐落在轻轨西十字(Westkreuz)站（离市区15分钟路程）一家提供自助式公寓的宾馆。每一层都有一个小厨房和四间浴室。差不多所有单元都有阳台或房顶天井。此公寓所在的Forum综合楼里面有28家零售店和2家饭店。Friedrichshafener Str. 12号 · 电话：(089) 83 99 00 · www.gaestehausimforum.de · 轮椅通道 · €€-€€€

8 马克西米连公寓（Maximilian Apartments）

这家豪华宾馆正面的墙受遗产保护，并有一个豪华的院子。人见人爱的这家宾馆配备了以下的方便设施：有线电视、电话、厨房和房桌，可以提供每周清洁和洗衣服务。Hochbrückenstr. 16号 · 地图 M4 · (089) 24 25 80 · www.schaperapartment.com · €€€

9 慕尼黑家庭旅店（提供住宿和早餐Bed&Breakfast）

这个机构提供一系列的公寓和客房（带或不带早餐），日租、周租或月租皆可（收取佣金）。电话：(089) 168 87 81 · www.bedbre-akfast-muc.de

10 寄宿先生（Mr. Lodge）

提供很多住宿选择，从装潢过的单身公寓到豪华行政套间，应有尽有。所有可用的单元都接入互联网。电话：(089) 340 82 30 · www.mrlodge.de

关于方便残疾人进入的宾馆信息，见138页

日常用语（英－德－发音对照）

紧急情况

Where is the telephone?	Wo ist das Telefon?	voh ist duss tel-e-fone?
Help!	Hilfe!	hilf-uh
Please call a doctor	Bitte rufen Sie einen Arzt	bitt-uh roof'n zee ine-en artst
Please call the police	Bitte rufen Sie die Polizei	bitt-uh roof'n zee dee poli-tsy
Please call the fire brigade	Bitte rufen Sie die Feuerwehr	bitt-uh roof'n zee dee foyer-vayr
Stop!	Halt!	hult

礼貌用语

Yes	Ja	yah
No	Nein	nine
Please	Bitte	bitt-uh
Thank you	Danke	dunk-uh
Excuse me	Verzeihung	fair-tsy-hoong
Hello (good day)	Guten Tag	goot-en tahk
Hello	Grüß Gott	grooss got
Goodbye	Auf Wiedersehen	owf-veed-er-zay-ern
Good evening	Guten Abend	goot'n ahb'nt
Good night	Gute Nacht	goot-uh nukht
Until tomorrow	Bis morgen	biss morg'n
See you	Tschüss	chooss
See you	Servus	sayr voos
What is that?	Was ist das?	voss ist duss
Why?	Warum?	var-room
Where?	Wo?	voh
When?	Wann?	vunn
today	heute	hoyt-uh
tomorrow	morgen	morg'n
month	Monat	mohn-aht
night	Nacht	nukht
afternoon	Nachmittag	nahkh-mit-tahk
morning	Morgen	morg'n
year	Jahr	yar
there	dort	dort
here	hier	hear
week	Woche	vokh-uh
yesterday	gestern	gest'n
evening	Abend	ahb'nt

常用短语

How are you? (informal)	Wie geht's?	vee gayts
Fine, thanks	Danke, es geht mir gut	dunk-uh, es gayt meer goot
Until later	Bis später	biss shpay-ter
Where is/are?	Wo ist/sind...?	voh ist/sind
How far is it to...?	Wie weit ist es...?	vee vite ist ess
Do you speak English?	Sprechen Sie Englisch?	shpresh'n zee eng-glish
I don't understand	Ich verstehe nicht	ish fair-shtay-uh nisht
Could you speak more slowly?	Könnten Sie langsamer sprechen?	kurnt-en zee lung-zam-er shpresh'n

实用词汇

large	groß	grohss
small	klein	kline
hot	heiß	hyce
cold	kalt	kult
good	gut	goot
bad	böse/schlecht	burss-uh/shlesht
open	geöffnet	g'urff-nett
closed	geschlossen	g'shloss'n
left	links	links
right	rechts	reshts
straight ahead	geradeaus	g'rah-der-owss

电话用语

I would like to make a phone call	Ich möchte telefonieren	ish mer-shtuh tel-e-fon-eer'n
I'll try again later	Ich versuche es später noch einmal	ish fair-zookh-uh es shpay-ter nokh ine-mull
Can I leave a message?	Kann ich eine Nachricht hinterlassen?	kan ish ine-uh nakh-risht hint-er-lahss-en
answer phone	Anrufbeantworter	an-roof-be-ahnt-vort-er
telephone card	Telefonkarte	tel-e-fohn-kart-uh
receiver	Hörer	hur-er
mobile	Handy	han-dee
engaged (busy)	besetzt	b'zetst
wrong number	Falsche Verbindung	falsh-uh fair-bin-doong

观光

entrance ticket	Eintrittskarte	ine-tritz-kart-uh
cemetery	Friedhof	freed-hofe
train station	Bahnhof	barn-hofe
gallery	Galerie	gall-er-ree
information	Auskunft	owss-koonft
church	Kirche	keersh-uh
garden	Garten	gart'n
palace/castle	Palast/Schloss	pallast/shloss
place (square)	Platz	plats
bus stop	Haltestelle	hal-te-shtel-uh
free admission	Eintritt frei	ine-tritt fry

购物

Do you have/ Is there...?	Gibt es...?	geept ess
How much does it cost?	Was kostet das?	voss kost't duss?
When do you open/ close?	Wann öffnen Sie? schließen Sie?	vunn off'n zee shlees'n zee
this	das	duss
expensive	teuer	toy-er
cheap	preiswert	price-vurt
size	Größe	gruhs-uh
number	Nummer	noom-er
colour	Farbe	farb-uh
brown	braun	brown
black	schwarz	shvarts
red	rot	roht
blue	blau	blau
green	grün	groon
yellow	gelb	gelp

公共场所

chemist (pharmacy)	Apotheke	appo-tay-kuh
bank	Bank	bunk
market	Markt	markt
travel agency	Reisebüro	rye-zer-boo-roe
department store	Warenhaus	vahr'n-hows
chemist's, drugstore	Drogerie	droog-er-ree
hairdresser	Friseur	freezz-er
newspaper kiosk	Zeitungskiosk	tsytoongs-kee-osk
bookshop	Buchhandlung	bookh-hant-loong
bakery	Bäckerei	beck-er-eye
butcher	Metzgerei	mets-ger-eye
post office	Post	posst
shop/store	Geschäft/Laden	gush-eft/lard'n
film processing shop	Photogeschäft	fo-to-gush-eft
clothes shop	Kleiderladen, Boutique	klyder-lard'n boo-teek-uh

在酒店

Do you have any vacancies?	Haben Sie noch Zimmer frei?	harb'n zee nokh tsimm-er-fry
with twin beds?	mit zwei Betten?	mitt tsvy bett'n
with a double bed?	mit einem Doppelbett?	mitt ine'm dopp'l-bet
with a bath?	mit Bad?	mitt bart
with a shower?	mit Dusche?	mitt doosh-uh
I have a reservation	Ich habe eine Reservierung	ish harb-uh ine-uh rez-er-veer-oong
key	Schlüssel	shlooss'l
porter	Pförtner	pfert-ner

用餐

Do you have a table for...?	Haben Sie einen Tisch für...?	harb'n zee tish foor
I would like to reserve a table	Ich möchte eine Reservierung machen	ish mer-shtuh ine-uh rezer-veer-oong makh'n
I'm a vegetarian	Ich bin Vegetarier	ish bin vegg-er-tah-ree-er
Waiter!	Herr Ober!	hair oh-bare!
The bill (check), please	Die Rechnung, bitte	dee resh-noong bitt-uh
breakfast	Frühstück	froo-shtock
lunch	Mittagessen	mit-targ-ess'n
dinner	Abendessen	arb'nt-ess'n
bottle	Flasche	flush-uh
dish of the day	Tagesgericht	tahg-es-gur-isht
main dish	Hauptgericht	howpt-gur-isht
dessert	Nachtisch	nahkh-tish
cup	Tasse	tass-uh
wine list	Weinkarte	vine-kart-uh
glass	Glas	glars
spoon	Löffel	lerff'l
fork	Gabel	gahb'l
teaspoon	Teelöffel	tay-lerff'l
knife	Messer	mess-er
starter (appetizer)	Vorspeise	for-shpize-uh
the bill	Rechnung	resh-noong
tip	Trinkgeld	trink-gelt
plate	Teller	tell-er

点菜

Apfel	upf'l	apple
Apfelsine	upf'l-seen-uh	orange
Aprikose	upri-kawz-uh	apricot
Artischocke	arti-shokh-uh-	artichoke
Aubergine	or-ber-jeen-uh	aubergine (eggplant)
Banane	bar-narn-uh	banana
Beefsteak	beef-stayk	steak
Bier	beer	beer
Bohnensuppe	burn-en-zoop-uh	bean soup
Bratkartoffeln	brat-kar-toff'ln	fried potatoes
Bratwurst	brat-voorst	fried sausage
Brezel	bret-sell	pretzel
Brot	brot	bread
Brühe	bruh-uh	broth
Butter	boot-ter	butter
Champignon	shum-pin-yong	mushroom
Currywurst	kha-ree-voorst	sausage with curry sauce
Ei	eye	egg
Eis	ice	ice/ ice cream
Ente	ent-uh	duck
Erdbeeren	ayrt-beer'n	strawberries
Fisch	fish	fish
Fleisch	flaysh	meat
Forelle	for-ell-uh	trout
Gans	ganns	goose
gebraten	g'braat'n	fried
gegrillt	g'grilt	grilled
gekocht	g'kokht	boiled
geräuchert	g'rowk-ert	smoked
Geflügel	g'floog'l	poultry
Gemüse	g'mooz-uh	vegetables
Gulasch	goo-lush	goulash
Hähnchen (Hendl)	haynsh'n	chicken
Hering	hair-ing	herring
Himbeeren	him-beer'n	raspberries
Kaffee	kaf-fay	coffee
Kalbfleisch	kalp-flysh	veal
Kaninchen	ka-neensh'n	rabbit
Karotte	car-ott-uh	carrot
Kartoffelpüree	kar-toff'l-poor-ay	mashed potatoes
Käse	kayz-uh	cheese
Knoblauch	k'nob-lowkh	garlic
Knödel	k'nerd'l	dumpling
Kuchen	kookh'n	cake
Lachs	lahkhs	salmon
Leber	lay-ber	liver
Marmelade	marmer-lard-uh	marmalade, jam
Milch	milsh	milk
Mineralwasser	minn-er-arl-vuss-er	mineral water
Nuss	nooss	nut
Öl	erl	oil
Olive	o-leev-uh	olive
Pfeffer	pfeff-er	pepper
Pfirsich	pfir-zish	peach
Pflaume	pflow-me	plum
Pommes frites	pomm-fritt	chips/ French fries
Rindfleisch	rint-flysh	beef
Rührei	rhoo-er-eye	scrambled eggs
Saft	zuft	juice
Salat	zal-aat	salad
Salz	zults	salt
Sauerkirschen	zow-er-keersh'n	cherries
Sauerkraut	zow-er-krowt	sauerkraut
Sekt	zekt	sparkling wine
Senf	zenf	mustard
scharf	sharf	spicy
Schlagsahne	shlahgg-zarn-uh	whipped cream
Schnitzel	shnitz'l	veal or pork cutlet
Schweinefleisch	shvine-flysh	pork
Semmel	tsem-mel	bread roll
Spargel	shparg'l	asparagus
Spiegelei	shpeeg'l-eye	fried egg
Spinat	shpin-art	spinach
Tee	tay	tea
Tomate	tom-art-uh	tomato
Wassermelone	vuss-er-me-lohn-uh	watermelon
Wein	vine	wine
Weintrauben	vine-trowb'n	grapes
Wiener Würstchen	veen-er voorst-sh'n	frankfurter
Zitrone	tsi-trohn-uh	lemon
Zucker	tsook-er	sugar
Zwiebel	tsveeb'l	onion

数字

0	null	nool
1	eins	eye'ns
2	zwei	tsvy
3	drei	dry
4	vier	feer
5	fünf	foonf
6	sechs	zex
7	sieben	zeeb'n
8	acht	uhkht
9	neun	noyn
10	zehn	tsayn
11	elf	elf
12	zwölf	tserlf
13	dreizehn	dry-tsayn
14	vierzehn	feer-tsayn
15	fünfzehn	foonf-tsayn
16	sechzehn	zex-tsayn
17	siebzehn	zeep-tsayn
18	achtzehn	uhkht-tsayn
19	neunzehn	noyn-tsayn
20	zwanzig	tsvunn-tsig

致谢

主要撰稿者：

作者艾尔菲莱·迪克多年来一直从事参考书及旅游指南书的编撰工作。她现在慕尼黑一家卫生保健杂志社做主编。现居住慕尼黑。

装帧设计：
Dr. Alex Klubertanz
Additional Text Brigitte Maier, Georg Ledig
摄影师：
Julian Puttins, Georg Ledig, Wendelin Lomeg
Index Dr. Bettina Jung

图片版权：
t-top; tl-top left; tlc-top left centre; tc-top centre; tr-top right; trc-top right centre; cla-centre left above; ca-centre above; cra-centre right above; cl-centre left; c-centre; cr-centre right; clb-centre left below; cb-centre below; crb-centre right below; bl-bottom left; b-bottom; bc-bottom centre; bcl-bottom centre left; br-bottom right; r-right; ra-right above; rb-right below

Every effort has been made to trace the copyright holders, and we apologize for any unintentional omissions. We would be pleased to insert the appropriate acknowledgments in any subsequent edition of this publication.

The publishers would like to thank the following individuals, companies, and picture libraries for their kind permission to reproduce their photographs:

4 you München: 149tr, 149tl; Allianz Arena: Herzog/de Meuron 72tl; Bayerische Landesbank: 136tl; Bayerischer Hof: 59b, 144tr; Bavaria Filmstadt GmbH: 55b, 68b, 108tc; Blutenburgtheater: 44tr; Club Morizz: 62tc, 62b; Cortiina Hotel: Fabrice Dallanese 147tr; Deutsche Eiche: 62tl; Geisel Hotels: 64tr, 65t, 144tl, 144tc; Griesbräu zu Murnau: 119tl; Hilton Munich City: 145tr, 145tl; Hotel Astor: 146tl; Hotel Jedermann: 148tl, 148tc; Hotel Königswache: 146tc, 146tr; Hotel Residenz Passau: 143tr; Internationales Dokumentarfilmfestival: 54tl; LEGOLAND Deutschland GmbH: 69tl, 69r, 138tl; Lenbach: 64tc, 64b; Mathäser: Jörg Hempel, Aachen 54tr, 55br; Max-Emanuel-Brauerei: 93tl, 93tr; Muffathalle: 58b; Münchener Biennale: 46tr; Münchner Filmfestwochen GmbH: 46b; Pasinger Fabrik: 44tl; Porzellan & Pinselstrich: 101tr; Pusser's: 60b; Ratskeller München: 143tl; Josef Schwab, Starnberg: 32b; Tantris: 64tl;
Theater 44: 45t; Weinhaus Neuner: 85t; Zirkus Krone: 68tc.

Fremdenverkehrsamt Mühldorf: 74tc.
Fremdenverkehrsamt München: 4–5; Bjarne Geiges 7tr, 25tc; Robert Hetz 1.
Kurverwaltung Garmisch-Partenkirchen: 117t, 117b, 119tr, 125c.
Tourismusverband Starnberger Fünf-Seen-Land: 7br, 32–33c, 70b, 73t.
Tourist-Information Bad Tölz: 68tr, 74tr, 74b, 75t, 75r, 124tr, 126tl, 138tc.

A1 Pix: 3bl.

Alpines Museum, München: 99tl.
Archiv Wolfgang Lehner/ Wendelin Lomeg: 45r, 51r, 53tr, 54b, 55tr, 59r, 61tr, 61rb, 65r, 73r, 135tl.
Artothek: Bayer & Mitko 6clb; Schlaraffenland, 1566, Pieter Brueghel 14–15c, 16tc; Blauel/Gnamm Raub der Töchter des Leukippos, 1618 Peter Paul Rubens 15tl; Spiel der Wellen, 1883, Arnold Böcklin 16tr, 37c, 97c; Joachim Blauel Alexanderschlacht, 1529, Albrecht Altdorfer 14bc; Willem van Heythuysen, 1625–30, Frans Hals 15bl; Entkleidung Christi, ca. 1579, El Greco 15bc; Frühstück im Atelier, 1868, Edouard Manet 16bl, 37tl; Toni/Ott 34tc.
Bayerische Seenschifffahrt: 32tlc.
Bayerische Verwaltung der Staatlichen Schlösser, Gärten und Seen: 3tl, 6bl, 12br, 20–21c, 28bc, 29tr, 29tl, 29b, 30tl, 30tr, 31tr, 31cr, 34tl, 71c, 106br, 106br, 107tr.
Bayerisches Nationalmuseum: 36tr, 37br.
Alois Dallmayr: 142tl,
Deutsches Museum München: 6tl, 8tl, 8c, 8cb, 8tr, 9tl, 9tr, 9cr, 9crb, 9clb, 10tr, 10tl, 11cra, 11clb, 10tc, 10b.
Deutsche Bahn AG: 133tl.
DK Images: 74tl, 104tc, 107r, 107br; Demetrio Carrasco 125tr.
Deutsche Presse-Agentur GmbH: 2tl; picture alliance/ Peter Kneffel 3tr; picture alliance/Scholz 116cr.
Flughafen München: 132tr, 133tr.
Vera Gaudermann: 14cla, 16cl, 17t, 17b, 18–19c, 19cr, 24–25c, 24cr, 25cr, 25b, 27crb, 38tc, 42tc, 44b, 50tl, 50tc, 50tr, 51t, 52tl, 52tr, 54tc, 58tl, 58tc, 58tr, 60tl, 60tc, 60tr, 62tr, 63t, 66tl, 66tc, 66tr, 67t, 83tl, 83tc, 83tr, 84tl, 84tc, 84tr, 88t, 90tl, 90tc, 91tl, 91tr, 92tl, 92tc, 92tr, 94–95, 99b, 105t, 108tl, 108tr, 109tl, 109tc, 109tr, 110tl, 110tc, 110tr, 111tl, 138tr, 139tc, 140tl, 140tc, 140tr, 142tc, 142tr, 148tr.
Haus der Bayerischen Geschichte, Bildarchiv: 34tr.
Heimatmuseum Bad Tölz: 124cr.
IFA-Bilderteam: Hollweck 22–23;
IFA-Images: 48–49, 52tc, 53r, 56–57, 80t, 81bl, 81r, 82tc, 130–131.
Landeshauptstadt München/ Münchner Stadtmuseum: 35r, 86cr.
Georg Ledig: 103tr, 116tl, 120tl, 120cr, 123t.
Wendelin Lomeg: 100tc, 101tc, 102tl, 102tr, 103tl, 127t.
Werner Nikolai: 74tl.
Julian Puttins: 22l, 22cr, 22bl, 23t, 23cra, 23c, 23bl, 24l, 46c, 47r, 139tr.
Herbert Schwinghammer: 97b.
Staatliches Museum Ägyptischer Kunst, München: 21cr.
Städtische Galerie im Lenbachhaus: Entwurf für den Umschlag des Almanachs Der Blaue Reiter, Wassily Kandinsky © ADAGP, Paris und DACS, London 2005 118cr.
Stadtmuseum, München: 89tl.
Oda Sternberg: 42tl.
Zefa Visual Media: Damm 7crb; Santos 26–27tc.

街道索引